投資達人

VOL.04

學習誌

COVER STORY

捉

起 漲 點

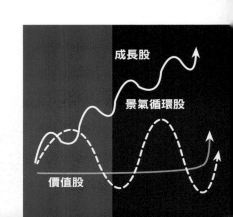

及早認識，邁向富豪之路 》

捉起漲點

比行情慢，
這真是投資人的心腹大患！

「跟在行情後面跑，
真恨不得回頭重來一次。」
其實，
行情要啟動之前總有些徵兆，
掌握住這些徵兆一面可以讓買進早一步，
一面則不會錯失加碼獲利的好時機。

本期內容由多位投資達人提供，
經本刊採訪組編整而成，
為了統一報導，
本期線圖一律採用長期投資的思維以週線為範例，
讀者可以依照自己的交易習慣改成日線或月線。

策畫 • 恆兆編輯部
顧問 • 新米太郎
採訪編輯 • 金滿喜／楊馨／王佩芬／劉天順
協力製作 • 財舍阿宅／李慧慧／鄭炬威／韓明勇／林彼得／于其寓

Part 1

一基本圖形一

捉起漲點，
看懂股價圖是一定要的。
當行情即將轉折，
圖表總會率先出現某些特定型態或兆頭，
先牢牢記住並理解幾個重要的K線基本圖形，
這是邁向投資富豪之路的第一步。

基本圖形①

箱型

股價反復在一定範圍內上下波動的情況稱為「箱型」。把反復波動中反復的高價和低價用橫線連接起來，就變成一個近乎水平的直線，看起來就好像長方形的上邊和下邊因此取名叫箱型。

出現這種箱型整理的股票，通常是個股在那段時間沒有極明顯刺激投資大眾「買進」或「賣出」的相關消息（新聞或是業績的發表等）。

但是，因著某種理由（新聞或是業績發表等）使得行情超過箱型的上邊或下邊之後，便是股價出現大幅變動的預兆。如果行情超出箱型線上邊，大部分情況會出現上漲趨勢；相反

如果行情低過箱型線下邊，轉為下跌的可能性就比較大。

箱型持續期間越長價格變動越大

尋找箱型行情波動並不容易，因為不是任何情況下都是完美的箱型形狀，很多時候要看長一點的時間才能發現。。

事實上，隨著箱型線持續的期間越長，超出箱型線後的價格變動幅度就可能越大。

股票市場上的老手，把這種情況稱為「由於長期能量的蓄積，所以一下子就爆發了」，因此箱型愈長，買進超過箱型線上邊的股票，獲得巨大利益的機會就愈大。

圖例

（圖片來源：XQ全球贏家）

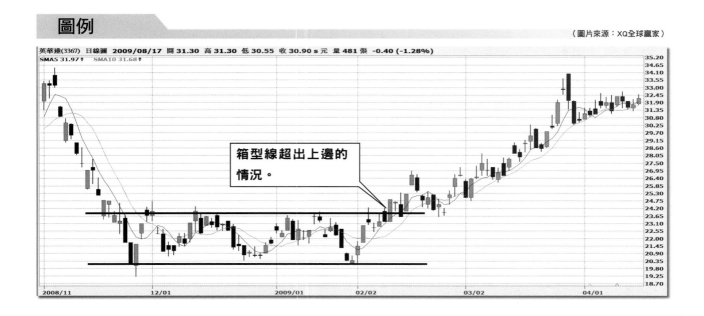

■ 基本圖形②

排隊互相推擠著 ·····················

看 K線時，有時會發現K線棒整齊排列朝同一方向推擠前進，如果行情脫離這種排隊推擠前進，股價就容易變動！

股價在小幅的範圍內重複著上下的波動。由於買進和賣出的力量相互抵抗制約出現了這樣的情況，也稱為「支架關係」。

支架關係與前面的股票箱不同，股票箱是針對幅度較大的價格變動，但這裡的互相推進是支架關係，是針對小幅價格變動，而且不一定是水平運動，有可能上升或下降都會發生。

看到這樣的圖形，一旦行情出現脫離那種「推擠」的次序（路線）時，意味著原先行進的方向可能因此打住，並朝新的方向前進。

在相互推擠的狀態結束後預測股價的變化推移，基本上可以比照用「超出箱型線」的方法，互相推擠可以說是「小的箱型線」。

圖例

（圖片來源：XQ全球贏家）

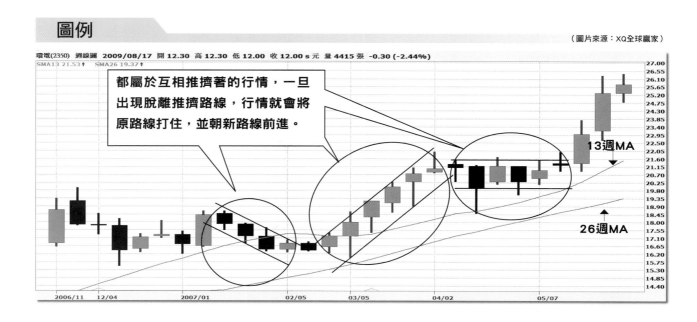

都屬於互相推擠著的行情，一旦出現脫離推擠路線，行情就會將原路線打住，並朝新路線前進。

基本圖形③

跳空、填空

瀏覽過很多股票的圖表後,會發現有相鄰兩個K線圖出現上下分離的的情況,這個空白的部分稱為「跳空」。以週K圖為例,股價和上週的K線圖相比,若股價和上週的K線圖最高價空開距離這就是向上跳空;股價和上週的K線圖最低價空開距離這就是向下跳空。

在上漲基調且陽線情況下出現「向上跳空」,股價繼續上漲的可能性很大。相反的,在下跌基調陰線情況下出現「向下跳空」,股價繼續下跌的可能性就很大。因為股價在當週開盤時,開出比上週的收盤價高或者低的位置開始,說明投資人對於這只股票的期待或是失望是十分明顯而強烈的,因此會出現續漲或續跌。

另一面來說,股價以跳空的狀態上漲或是下跌,意味著目前處於行情激烈變化中,基於人類討厭(或說疑慮)變化的天性,當激烈的變化真的發生了,就會萌生疑問或是擔心的想法。於是,在跳空之後就會出現許多想在下跌前賣出,或想在上漲前買進的人,因此股價就可能會回到跳空前的狀態,而把曾經跳空的部分填上,這裏就稱為「填空」。

「填空」比起週K線和月K線,日K線出現的機率更大一些。不過,不是跳空後一定會填空,若勢頭太強也有不填空的可能。

圖例

(圖片來源:XQ全球贏家)

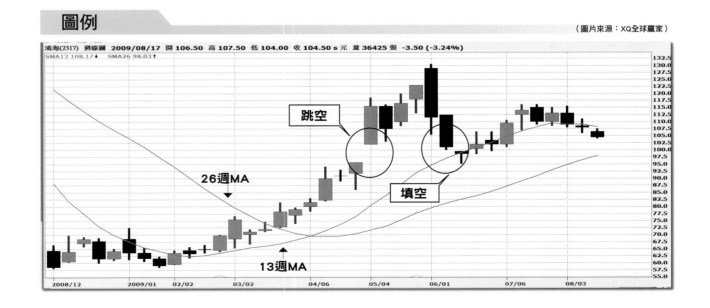

■ 基本圖形④

黃金交叉、死亡交叉 ······················

黃金交叉是指移動平均線的長期線（週K圖的話可捉26週移動平均線）處於橫爬上升狀態時，短期線（週K圖的話可捉13週移動平均線）從下面突破它開始上漲的狀態。

黃金交叉有相當大機率為上漲的前兆，就像黃金交叉這個名字所說的那樣，股價今後上漲的機率非常大。出現黃金交叉，股價上漲機率很高，這是很多人都知道的事。不過，在黃金交叉出現前，股價就已經上漲一段的情況更多。

因此，比起掌握黃金交叉之後買進，預測黃金交叉即將出現前先行買進更重要。

再來看看與黃交交叉相反的死亡交叉，

「死亡交叉」直譯的話就是「死的交叉」，顧名思義就是股價處於下跌時的信號，也就是移動平均線的短期線（週K圖的話可捉13週移動平均線）向下跌破長期線（週K圖的話可捉26週移動平均線）開始下降的狀態。

死亡交叉在判斷上和之前的黃金交叉做相反的解釋就可以，在此就不再重復介紹，簡單來說，就是在死亡交叉出現前預測它的出現，並在股價下跌前把股票賣出去。

圖例

（圖片來源：XQ全球贏家）

■ 基本圖形⑤

乖離 ....

股價與移動平均線過份乖離的情況就需要注意了。儘管漲（跌）的勢頭很強，但仍應回頭看一看是不是股價勢頭短期過猛而讓行情有回到移動平均線的可能？

股票用語中的「乖離」，指的是移動平均線和股價出現很遠距離的狀況。一般情況下，移動平均線和股價（K線線）是保持著時近時遠，時相交時分離的狀態，但是有時也會出現很大乖離的狀況。若是如此，就像前面介紹的，一般情況下沒有很大分離，卻在沒有特別原因（新聞或是財報發表等）的影響下出現了很大的乖離時，那麼就容易出現使股價（K線線）和移動平均線接近的力量。

比如，從個股消息與整體大環境來看，股價並沒有什麼特別原因的影響，K線卻在移動平均線以上出現很大乖離，那麼K線在近期內下降到移動平均線的可能性就非常高。

不過，若能找出具體的新聞或消息面影響股價，短期乖離過大則不在此列。

圖例

（圖片來源：XQ全球贏家）

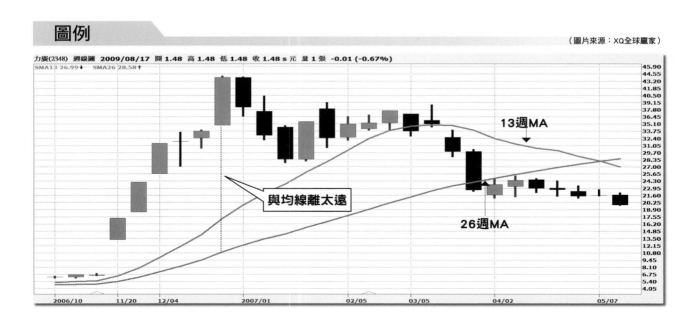

■ 基本圖形⑥

三角支架 ....

在 基本圖形②中討論過「排隊互相推擠著」的圖形，也提及那種推擠猶如支架關係，這裡再把範圍集中在「三角支架」關係，也就是以為股價會瘋狂上漲，但實際情況卻出現慢慢下跌，用K線圖來表示，就好比畫一個三角形的形狀，這種三角形的形狀就可以稱為「三角支架」。

股價處於上漲傾向時，出現這樣的三角形就是很好的機會。股價下跌到三角形的底邊，常常會出現再次開始上漲的狀況，因此，如果能找出圖表上出現三角型支架的股票，就說明良好的買進時機到了。

出現的三角形，有類似於直角三角形、鈍角、銳角、正三角型等等不同的形狀，因此，請邊發揮你的想像力邊觀察K線圖，找到的話就是自己獨有的東西。雖然三角形的樣子有所不同，但買進點都是在脫離三角支架之際。

本書第二部份會有詳細的解說。

圖例

（圖片來源：XQ全球贏家）

■ 基本圖形 ⑦

K 線 在 長 期 移 動 平 均 線 之 上 （ 之 下 ）⋯⋯⋯

俯瞰股價圖會發現如果K線在長期移動平均線之上時，股價處於上漲的基調，這樣的股價屬於「比較有盼望」類型。如果K線在長期移動平均線之上，卻在短期移動平均線之下但長、短期兩條均線都是上揚趨勢，如此可以算是「三明治狀態」，也是買進的時機，一方面漲勢可期，二方面股價尚稱低檔，相對來講獲利空間較多。

「K線線在移動平均線之下」和「K線在移動平均線之上」正好相反的理論。不同的是，這種情況下出現「三明治狀態」的情況非常少，投資人只要記住K線線在短期和長期移動平均線之下時就是下跌的基調就好。在這種

情況下，出現轉向下跌後持續下跌的事情也沒有什麼稀奇的。

三明治行情

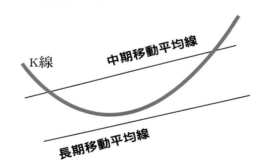

圖例

（圖片來源：XQ全球贏家）

七種
捉起漲點的方法

黃金交叉、突破水平波動……
一般人捉起漲點常陷入
「不是捉太早,就捉太晚」的盲點!
本文要告訴你,
一樣是起漲點,
你有更佳、更準、更安全的捉法。

□ 起漲點圖形①

越過移動平均線 ⋯⋯⋯⋯⋯⋯⋯⋯⋯⋯⋯⋯⋯⋯⋯⋯⋯⋯⋯⋯⋯⋯⋯

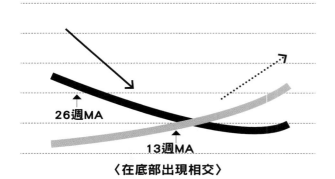

26週MA

13週MA

〈在底部出現相交〉

黃金交叉是尋找上漲股票的標誌。但是多數情況下，黃金交叉出現的時候股價已經超過低價開始上漲了。

如果能夠預測即將出現黃金交叉並在股票開始上漲之前買進，就能得到更大的利益。而且的確有這樣的預測方法。如果仔細觀察移動平均線和K線的變動情況，就能明白股價擺脫低價開始上漲的時機。

要注意的地方

①在移動平均線進入上升基調時。

②如果股價（週五收盤價）漲超過了13週MA，並突破26週MA請注意，這種情況繼續轉為上漲的可能性很高。

③建議在下週一開盤時用市價「搶」進。

範例 1

（圖片來源：XQ全球贏家）

在這裡買進

26週MA

13週MA

觀察2
股價超過13週MA且突破26週MA，站在均線上。

26週MA

13週MA

觀察1
均線是上揚的基調。

範例 2

（圖片來源：XQ全球贏家）

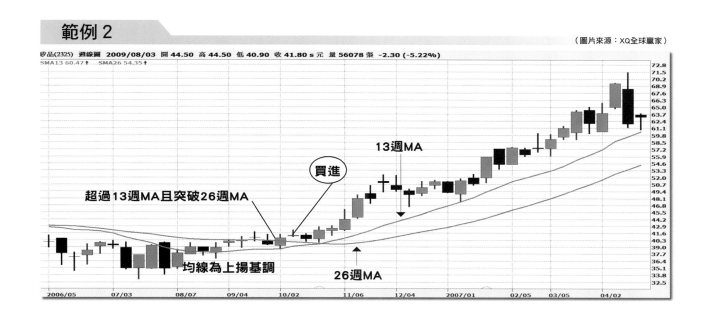

範例 3

（圖片來源：XQ全球贏家）

□ 起漲點圖形②

出現很長的下影線

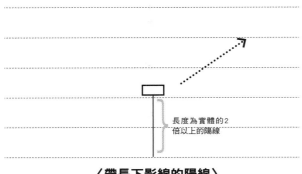

長度為實體的2
倍以上的陽線

〈帶長下影線的陽線〉

在 股價下跌時，出現下影線很長
的陽線這也是機會。反彈後出
現急上漲的機率非常高。另
外，請注意下影線的長度，如果出現超過實體
兩倍的下影線，那麼上漲的機率會變得更大。

這樣帶有很長下影線的陽線，因為特徵明
顯，即使新手也很容易發現。

要注意的地方

①股價處於下跌的時候。

②陽線上出現很長的下影線。

③從下週開始股價轉入上漲的可能性很高！不
用猶豫行動吧。

範例 1

（圖片來源：XQ全球贏家）

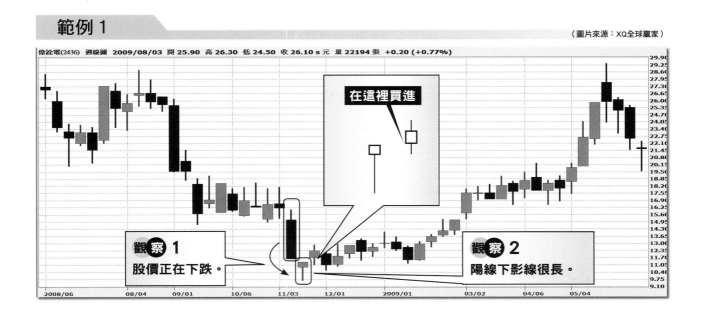

偉詮電(2436) 週線圖 2009/08/03 開 25.90 高 26.30 低 24.50 收 26.10 s 元 量 22194 張 +0.20 (+0.77%)

在這裡買進

觀察 1
股價正在下跌。

觀察 2
陽線下影線很長。

範例 2

（圖片來源：XQ全球贏家）

友達(2409) 週線圖 2009/08/03 開 36.70 高 37.90 低 34.55 收 34.90 s 元 量 236053 張 -1.50 (-4.12%)

買進

範例 3

（圖片來源：XQ全球贏家）

浩鑫(2405) 週線圖 2009/08/03 開 19.50 高 19.80 低 17.10 收 18.50 s 元 量 5236 張 -0.90 (-4.64%)

買進

□ 起漲點圖形③
低價圈出現長的陽線，再等一週......

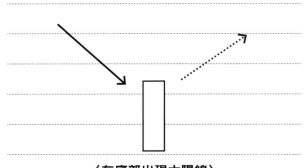

〈在底部出現大陽線〉

在 連續陰線股價處於下跌時出現大陽線的話，有轉入上漲的可能性。但應該注意，如果是小陽線的話，股價繼續下跌的可能性會非常高。但如果是大陽線，股價下跌就此停止，並轉入上漲的機率就會非常高。

不過，這種圖形再次出現更大的下跌也是有可能的，所以不要在第二週的時候就馬上出手。要再等一週，也就是在長陽線出現後的下週確認股價不下跌，就在下下週的週一買進。

要注意的地方

①連續出現陰線，股價處於下跌狀態。
②如果出現大陽線就是很好的機會。
③不要在第二週的時候馬上出手，要確認它不會再下跌了，在下下一週才買進。

範例1

（圖片來源：XQ全球贏家）

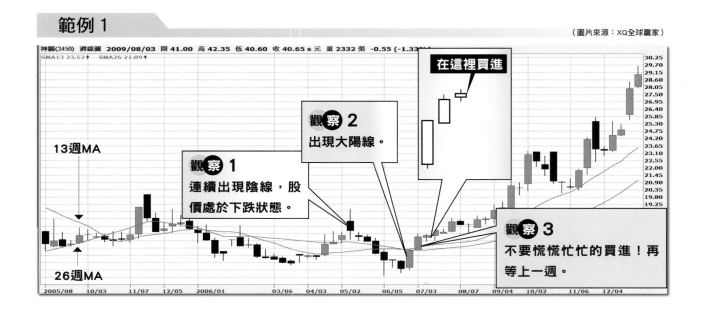

範例 2

（圖片來源：XQ全球贏家）

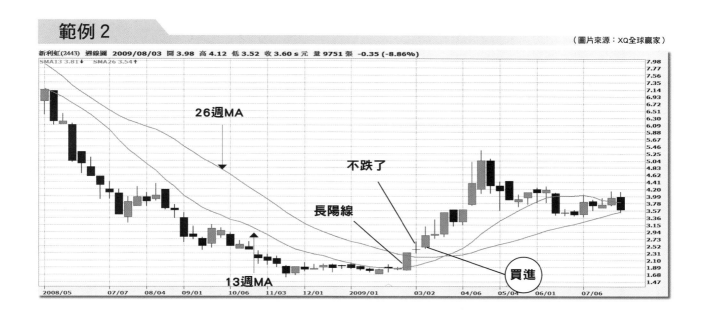

範例 3

（圖片來源：XQ全球贏家）

■ 起漲點圖形④

均線之上，脫離三角支架後起漲 ⋯⋯⋯⋯⋯

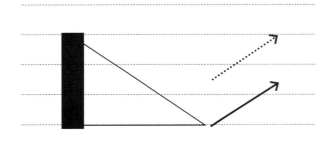

〈從三角支架脫離〉

平均線都是朝上的趨勢的話，股價上漲的可能性就更大。

要注意的是，在三角支架後，也可能沒有按照以上所講的上漲反而進一步下跌，因此也要用心觀察並設停損點。

要注意的地方

①在上漲趨勢時。

②出現「三角支架」的形狀。

③三角形的底邊**必須超過**13週移動平均線。

④13週移動平均線和26週移動平均線都是處於朝上發展形勢。

⑤在下週一開盤時以市價價買進。

股價在上漲趨勢下，出現下跌為「三角支架」形狀時，若行情能漲超過三角形底部時，股價有更進一步上漲的可能性。這時請注意一下移動平均線。如果13週移動平均線和26週移動

範例 1

(圖片來源：XQ全球贏家)

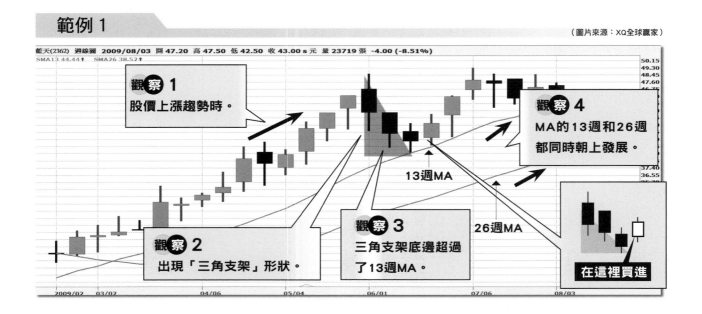

藍天(2362) 週線圖 2009/08/03 開47.20 高47.50 低42.50 收43.00 s元 量23719 張 -4.00 (-8.51%)
SMA13 44.44↑ SMA26 38.52↑

觀察1 股價上漲趨勢時。

觀察2 出現「三角支架」形狀。

觀察3 三角支架底邊超過了13週MA。

13週MA

觀察4 MA的13週和26週都同時朝上發展。

26週MA

在這裡買進

2009/02　03/02　04/06　05/04　06/01　07/06　08/03

範例2

（圖片來源：XQ全球贏家）

範例3

（圖片來源：XQ全球贏家）

起漲點圖形⑤

排列推擠後上漲

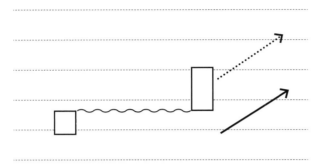

〈處於持續僵局狀態後上升〉

股價的上漲方式有很多種類型，其中有一種是階段性的上漲類型。從圖形上來看，這種股票會先出現一段時間盤整、突破盤整高價後，先上漲一小段再出現一段漲不上去也跌不下來的僵局，這一僵局階段通常呈現人氣不旺

的狀態，所以成交量也不是很大。但是，換一種看法的話，也可以認為這種不上不下的僵局是為下次上漲積蓄能量。因此，當個股受到某些契機刺激時（例如，財報好、高層交替、新產品推出等資訊）被重新關注時，又會變成有人氣的股票。

要注意的地方

①週五的收盤價超過僵局圈，機會來了。
②2條移動平均線都處於上漲基調，之後出現超過僵局的階段性上漲可能性增加。
③在下週開盤以市價買進。

範例 1

（圖片來源：XQ全球贏家）

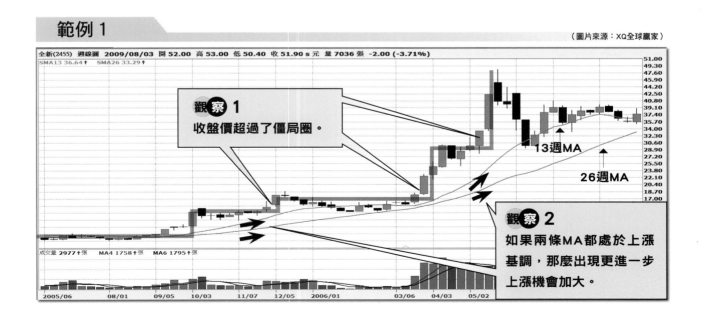

範例 2

（圖片來源：XQ全球贏家）

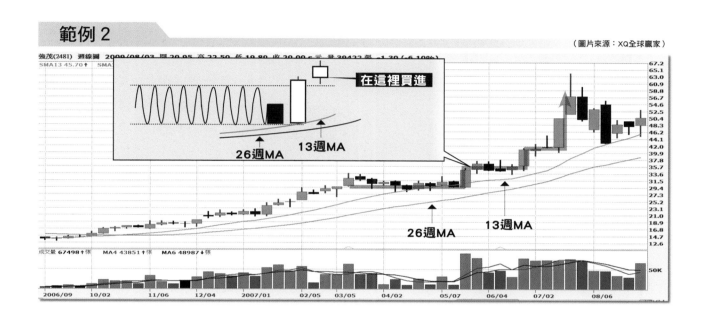

範例 3

（圖片來源：XQ全球贏家）

起漲點圖形⑥

出現長陽線後再等待一週

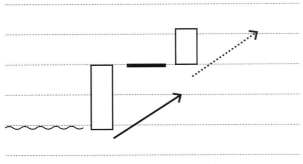

〈大上漲後的股價行情〉

出 現暴漲的股票，不能見獵心喜慌張的就買進。因為暴漲後的股票在第二週下跌的機率非常高。但是，若能再忍耐一週等到下週五發現當週收盤和暴漲當週的收盤價比較後沒有很大下跌的話，在出現長陽線後的下下週開盤時，才

是買進的好時機。

如果下週週五的收盤價和暴漲那週的收盤價差不多價位，就在下下週以暴漲那一週的收盤價買進。萬一指定價位買不到的話，改掛市價買進也可以。

要注意的地方

①如果出現暴漲，不要馬上出手買進。
②等待觀察下週五的收盤價再做決定。和暴漲那週的收盤價進行比較，沒有出現跌的話，就是好時機。

範例 1

(圖片來源：XQ全球贏家)

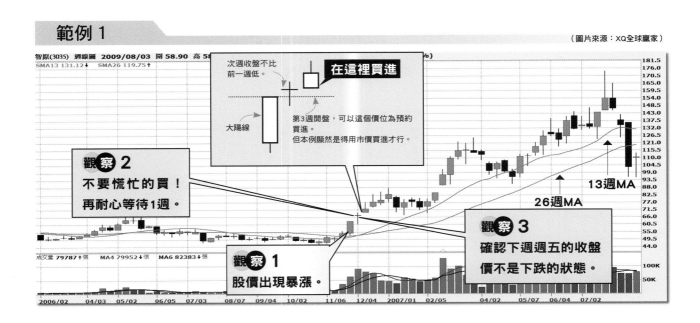

- Cover Story

範例2

（圖片來源：XQ全球贏家）

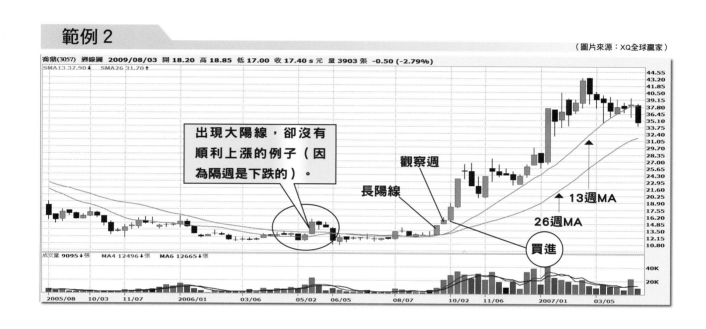

出現大陽線，卻沒有順利上漲的例子（因為隔週是下跌的）。

觀察週
長陽線
買進
13週MA
26週MA

範例3

（圖片來源：XQ全球贏家）

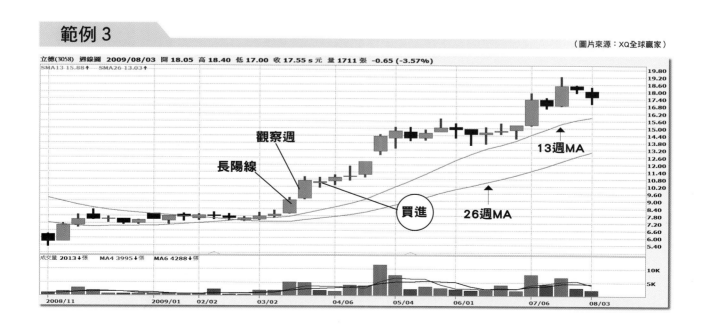

觀察週
長陽線
買進
13週MA
26週MA

026 ・投資達人4──捉起漲點

■ 起漲點圖形⑦

長期箱型後暴漲 ......

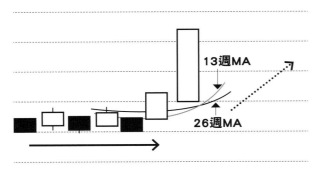

〈超過箱型線〉

長期持續處於箱型行情的股票，由於某些契機（高層替換、財務改善、企業併購、業績突然變好等）得到人們的關注，出現成交量增加股價上漲，超過箱型的上邊並開始上漲局面。如果能找到這樣的股票，是可以大賺一筆

的好機會。

一般來說，箱型橫盤愈久，上漲的勢頭就愈猛。

要注意的地方

①在經過長期的箱型行情後，也就是長期持續處於黏著的僵局狀態。

②在某種契機下，收盤價超過箱型線後股價暴漲。

③在下週開盤以市價買進。

範例 1

（圖片來源：XQ全球贏家）

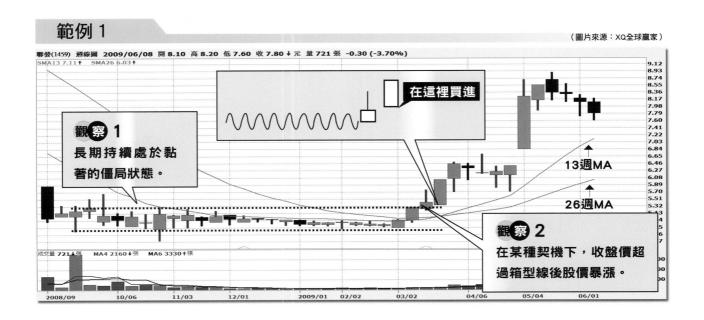

範例 2

（圖片來源：XQ全球贏家）

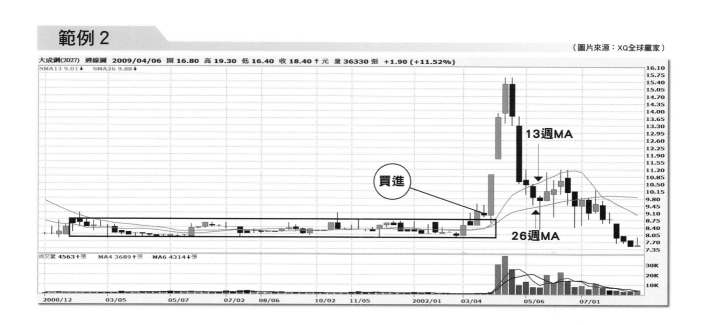

範例 3

（圖片來源：XQ全球贏家）

□ 選股要領①

善用工具搭配成交量········

股票市場有千檔以上的股票，就算對圖表非常拿手，沒有好用的工具也是不行的，接下來就針對「如何使用工具」進行講解。

不管是長期還是短期交易，「有人氣」的股票都是必要的。進一步說就是那種「正在上漲或開始上漲且有人氣的股票」，而這種股票的「證據」就是價格上漲、成交量多。具體執行的步驟本文以康和綜合證券（www.6016.

com.tw）為例說明（一般入口網站只有日排行榜，康和證券的版面設計內容提供較多排行榜蒐尋功能，此外不需加入會員、附有多條件選股，是相當方便使用的網站），若你使用其他網站，原則也是一樣的。

步驟1 康和證券→盤後資料專區→綜合排行榜
步驟2 找到週排行股價有相當上漲程度、成交量也夠多的股票。在此以過去5天上漲超過5%以上、成交量超過5000張以上作為多條件選

善用排行榜

（圖片來源：康和綜合證券）

股。成交量高就代表人氣非常高,如果價格上漲率高但是成交量少的話,說明這是股票的人氣不足,一般而言,沒有量的股票也不用期待價格上有什麼大的變動。市面上許多看盤軟體都附有多條件選股(也有人稱「選股精靈」或「選股DIY」等不同名稱),本例採用「過去5日漲幅:10~15%」;「成交量至少5000張」為例,篩選出來一共有8檔股票。以上所提供的篩選條件僅為範例,投資人可以按自己的需求適度的放寬條件,篩選出來之後再一檔一檔的檢查線圖,有沒有看起來很有希望是要「起漲」的樣子。

步驟3 若篩選出來的股票價格太貴,千萬不要勉強,壓力太大操作股票是很不智的。除了個股的價位之外,包括線圖、成交量等等,不可能永遠都有適合法則(與適合你個人投資)的股票存在,在這種時候,從差不多滿足條件的股票中選擇幾檔股票繼續觀察,在繼續的觀察中應該能找出一些規則來。

步驟4 要善用網站的工具,讓看盤更仔細。不管是採用那一種看盤軟體幾乎都有放大、縮小的功能,尤其是像看「跳空」這種圖形,沒有把圖放大是很容易被忽略掉的。

多條件選股

(圖片來源:康和綜合證券)

選股要領②
三種不易下跌的型態 ·········

精準的捉住起漲點買進並不容易,前一節提到可以配合成交量掌握行情,本節則要介紹三種「不易下跌」的形態,換句話說,只要找出「底部確立,不易下跌」的圖形,就可以視行情處於底價圈,至少出現更大下跌的機率就較低。

起漲股價型態①——W型底

　　行情出現「W底」股價到此是低價的可能性很高。因為K線所構成的形狀和字母W很相似,所以被稱為W底,W底有兩個低點與頸線,突破頸線後W底正式成立,有時也有暫時回檔回測頸線的現象,要突破頸線則必需伴隨大量。

　　需要補充的是,所有的圖形都不是絕對的。行情出現W底股價脫離低價之後,經過一定程度的上漲也很難預估一定上漲到什麼程度。

　　如果想要找到W底,雖然是長線投資,還是比較推薦看日K線而非週線或月線。

（圖片來源：XQ全球贏家）

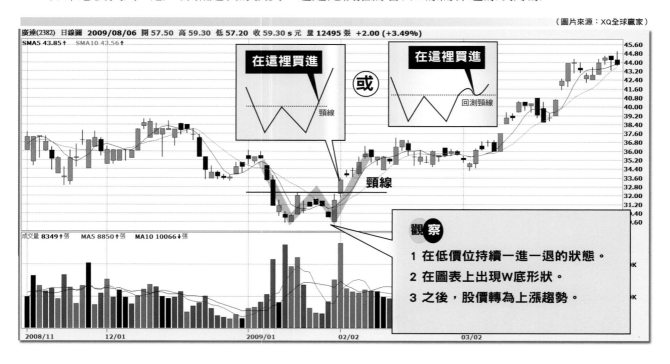

起漲股價型態②——圓形底

　　圖表上出現類似於一個圓形碗公（底部的圓形器皿），可以認為處於底價的可能性很高。根據形狀，如同前面介紹起漲點圖形⑦「長期箱型後暴漲」的道理是相通的。

　　圓形底的底部呈現很和緩的向上圓弧，將下降趨勢緩緩的變為上升趨勢，圓形底在形成的過程中，成交量也呈現圓形的圖形。

　　尤其是在下降趨勢的圖表上出現了圓形底的類型時，可以認為處於底價的可能性極高。與前面W底一樣，行情突破頸線後有可能短暫回檔回測頸線後再起漲的情況。

（圖片來源：XQ全球贏家）

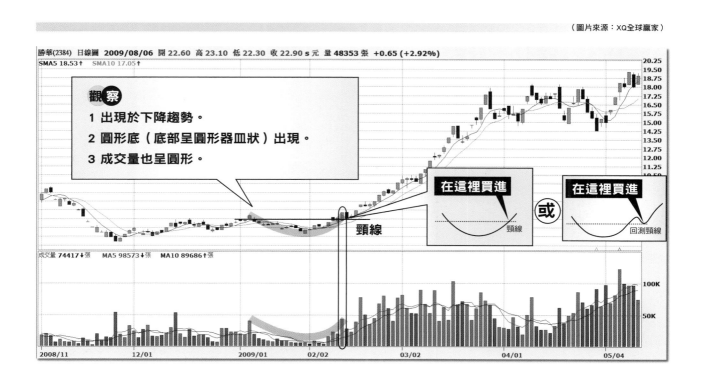

起漲股價型態③——V型底

在低價圈出現大陽線的情況時，行情有變成V型反轉的可能性，不過，要形成V型反轉在陽線的長度和成交量上有一定條件。

如果大陽線的上漲率在5％以上的話，這時成交量必須是前一天的5倍以上。出現了這樣的情況，股價轉入上漲的可能性就非常大。

想要找到V底，雖然是長線投資，還是比較推薦看日K線而非週線或月線。

（圖片來源：XQ全球贏家）

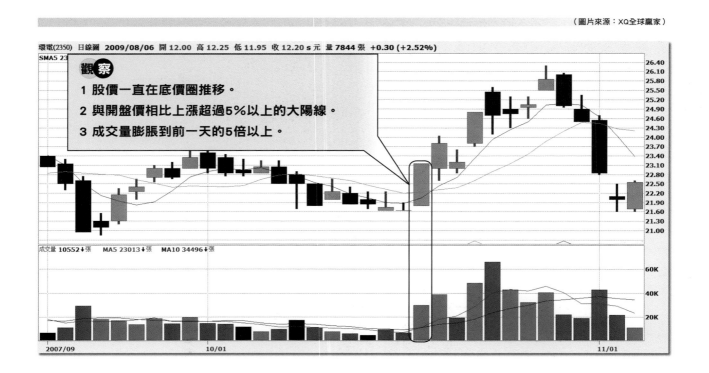

Part 3

七種
捉起跌點的方法

投資最大的迷思，
就是受到媒體與市場氣氛感染，
無法在行情高點順利脫身。
原則上，
買進與賣出的看圖法剛好顛倒，
圖表會說話，
早一步嗅到下跌趨勢賣出，
讓獲利牢牢的落袋，
才是最聰明的。

□ 起 跌 點 圖 形 ①

跌 出 移 動 平 均 線 ·····

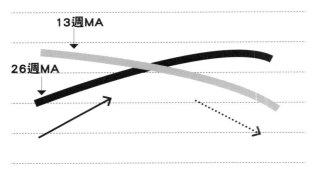

〈在高價圈出現〉

已經漲一大段的股價開始下跌時投資人難免左右為難「慌張賣出說不定還會漲；與其冒風險，不如賣掉算了……」但若行情已經出現死亡交叉，篤定就是「賣」的人應該很多，不過，等到死亡交叉出現時，行情往往已經跌一

段了，所以最好的辦法就是在死亡交叉出現前預測它的出現。

預測的方式就是看行情是否跌到13週MA之下，若有就是黃色警戒，若重重的跌到26週MA之下，接下來可能很快就會看到死亡交叉，因此，在這裡就應出脫持股。

要注意的地方

①股價開始跌破13週MA但沒有出現比較大的下跌，有再度出現上漲的可能性，屬黃色警戒。

②若跌破26週MA屬紅色警戒應不猶豫的賣出。大多數情況，不久必出現死亡交叉。

範例 1

（圖片來源：XQ全球贏家）

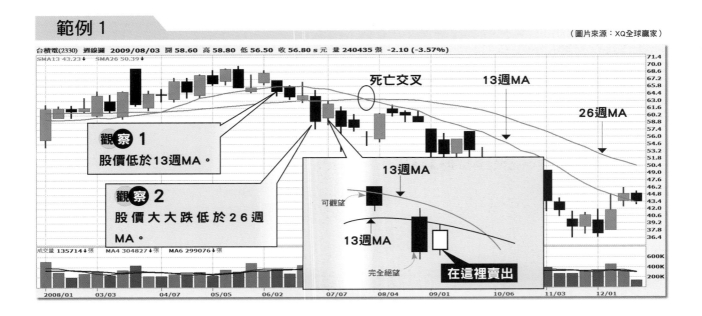

範例 2

（圖片來源：XQ全球贏家）

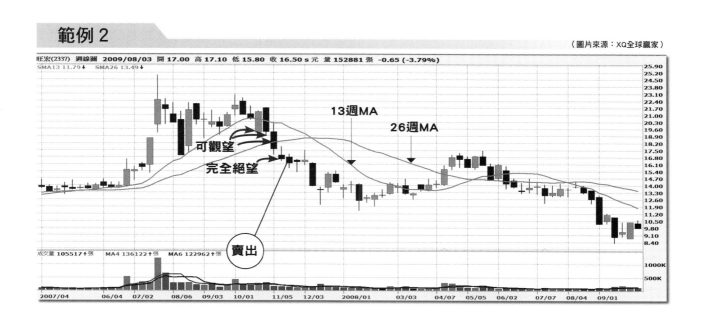

範例 3

（圖片來源：XQ全球贏家）

起跌點圖形②

出現很長的上影線

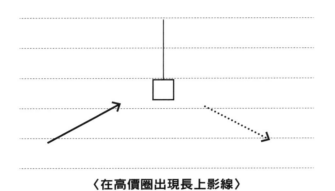

〈在高價圈出現長上影線〉

關係，如果出現了長的上影線就是股價下跌的信號。特別是如果上影線的長度超過K線實體的長度時，可以看作股價轉向下跌的可能性更高。

不管是上影線還是下影線，只要出現了比較長的影線就是股價發生轉換變化的信號（詳見「投資達人vol.01」）。因此，這個法則和移動平均線的上升下降，或者陽線、陰線沒有

要注意的地方

①股價的上漲中。

②如果出現比較長的上影線，說明轉向下跌的可能性很高。

③在下週的週一開盤時以市價賣出。

範例1

（圖片來源：XQ全球贏家）

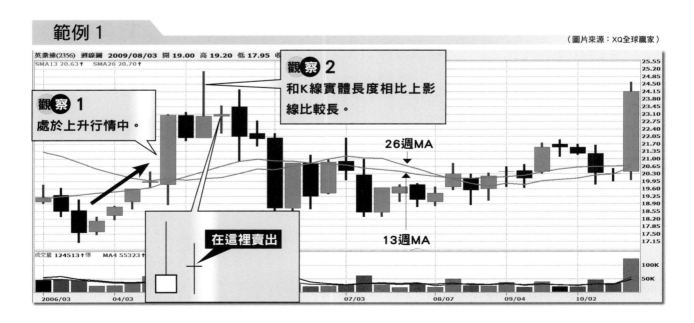

英業達(2356) 週線圖 2009/08/03 開 19.00 高 19.20 低 17.95

SMA13 20.63↑ SMA26 20.70↑

觀察 **1**
處於上升行情中。

觀察 **2**
和K線實體長度相比上影線比較長。

26週MA

13週MA

在這裡賣出

成交量 124513↑張   MA4 55323↑

範例 2

（圖片來源：XQ全球贏家）

範例 3

（圖片來源：XQ全球贏家）

■ 起跌點圖形③

高價圈出現長的陰線 ·······

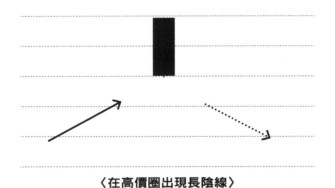

〈在高價圈出現長陰線〉

企業本身或大環境出現極不利的訊息而影響投資人的信心，因此，應該先逃為妙。

股價在上升時的高價圈出現大陰線，有很高機率會轉為下跌。而且只要股價處於高價圈，不管股價是上漲還是下跌基調都適用這種說法。特別是出現明顯的大陰線時，很可能是

要注意的地方

①在高價圈中。
②出現長陰線。
③股價下跌的可能性很大，下週一開盤以市價賣出。

範例 1

（圖片來源：XQ全球贏家）

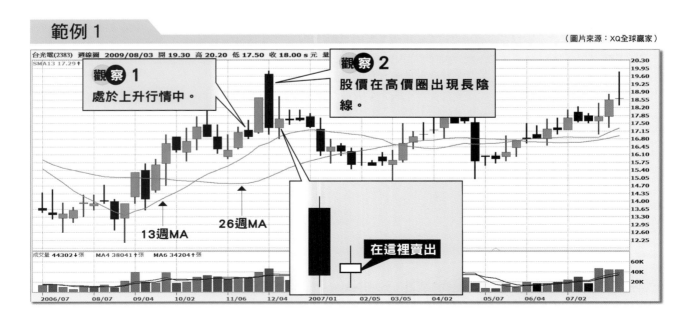

範例2

（圖片來源：XQ全球贏家）

範例3

（圖片來源：XQ全球贏家）

起跌點圖形④

均線之下脫離三角支架後起跌

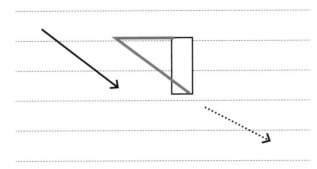

〈從三角支架的形狀脫離〉

股價下跌中如果出現「三角支架」的形狀,有可能出現更大程度的下跌。特別是,如果這個三角支架形狀是出現在移動平均線之下時,下跌的機率會更大。

三角形支架出現,如果能在三角形底邊和移動平行線相接的時候賣出的話,算是賣在好的價位。

要注意的地方

①在移動平均線之下出現「三角支架」形狀,還以為股價會上漲,但最後發現沒有漲還被均線壓下來,下週一開盤以市價賣出。

②與part2的圖形③「低價圈出現長的陽線,再等一週」比較一下,就能理解為什麼那個圖形特別標示「再等一週」,因為跌勢出現長陽線也有可能是繼續下跌的情況。

範例1

(圖片來源:XQ全球贏家)

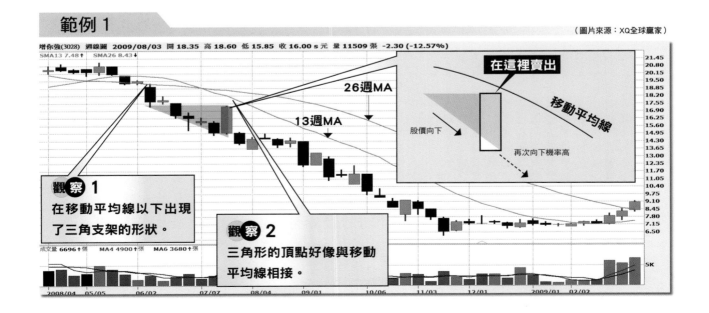

範例 2

（圖片來源：XQ全球贏家）

範例 3

（圖片來源：XQ全球贏家）

起跌點圖形⑤

排列推擠後下跌

〈相互推擠後下跌〉

相互推擠——股價持續小幅的漲漲跌跌後開始下跌。這時如果股價跌破13週MA的話就要注意了。如果股價持續下跌並跌破了26週MA後還在下跌，就是達到危險的紅色警戒信號。在

這裏沒有必要在意成交量大小，應立刻賣出。

要注意的地方

①出現了相互推擠後股價開始下跌。

②股價跌破13週MA，在下週開盤必以市價賣出。

③雖然有短暫超過13週MA的情況，但還是下跌的趨勢時，之後若再出現跳空下跌，是十分強烈的跌勢，需立刻賣。

範例1

（圖片來源：XQ全球贏家）

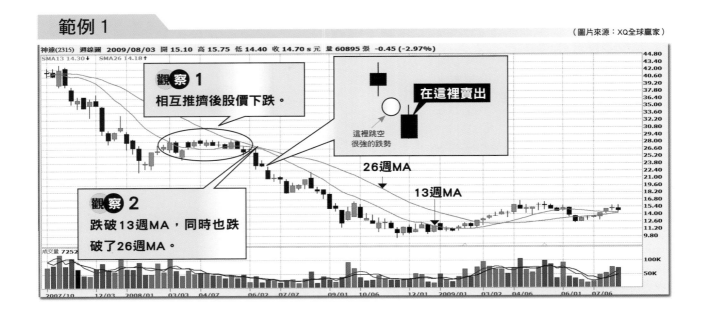

神達(2315) 週線圖 2009/08/03 開 15.10 高 15.75 低 14.40 收 14.70 s 元 量 60895 張 -0.45 (-2.97%)
SMA13 14.30↓ SMA26 14.18↑

觀察 **1** 相互推擠後股價下跌。

在這裡賣出

這裡跳空很強的跌勢

26週MA

13週MA

觀察 **2** 跌破13週MA，同時也跌破了26週MA。

成交量 7252

範例 2

（圖片來源：XQ全球贏家）

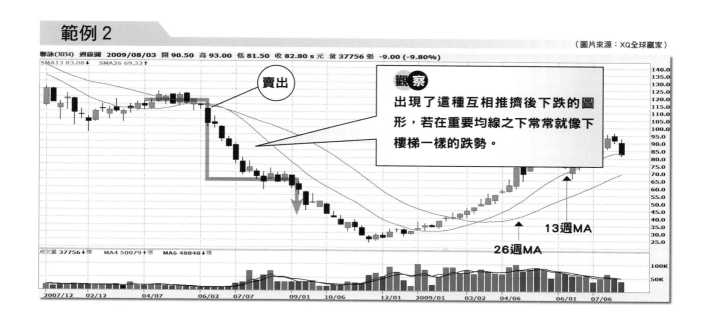

範例 3

（圖片來源：XQ全球贏家）

·投資達人 4──捉起漲點

□ 起跌點圖形⑥

出現長陰線後，再等一週 ....

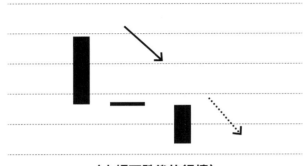

〈大幅下跌後的行情〉

如果出現大陰線，請先留意之後一週價格變動情況。如果在之後一週沒有出現大的反彈，再之後的一週（陰線出現後的下下週）就可能出現股價持續下跌。如果K線比兩根移動平均線（13週和26週）都低的話，股價下跌的機率就更高了。

　　與起跌點圖形③相較，因為③是在高價圈出現長陰線就沒有必要「再等一週」，而這裡的長陰線是指出現在一般行情時。

要注意的地方

①出現了大陰線。

②關注之後一週的價格變動。如果沒有大的反彈，更大程度下跌的可能性就更大。

③若K線比兩根移動平均線（13週和26週）都低股價下跌機率更高。應在下下週一開盤以市價賣出。

範例 1

（圖片來源：XQ全球贏家）

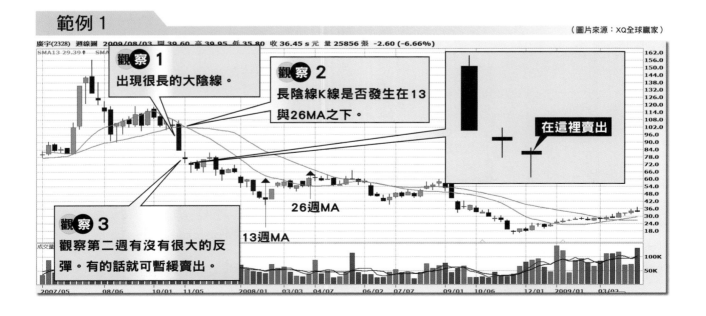

廣宇(2328) 週線圖 2009/08/03 開 39.60 高 39.95 低 35.80 收 36.45 s 元 量 25856 張 -2.60 (-6.66%)

觀察 **1**
出現很長的大陰線。

觀察 **2**
長陰線K線是否發生在13與26MA之下。

在這裡賣出

26週MA

13週MA

觀察 **3**
觀察第二週有沒有很大的反彈。有的話就可暫緩賣出。

範例 2

（圖片來源：XQ全球贏家）

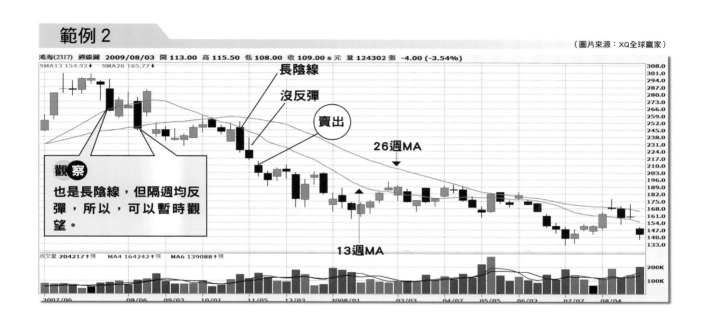

長陰線

沒反彈

賣出

26週MA

觀察

也是長陰線，但隔週均反彈，所以，可以暫時觀望。

13週MA

範例 3

（圖片來源：XQ全球贏家）

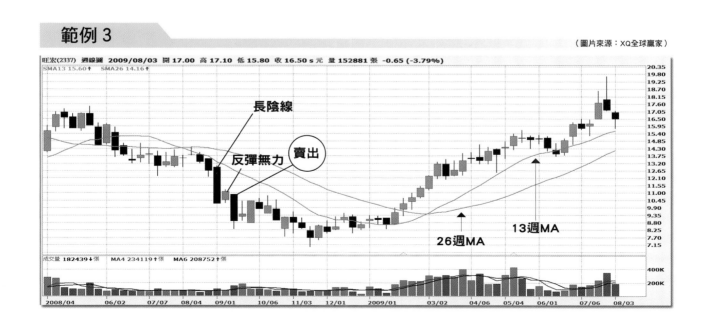

長陰線

反彈無力

賣出

13週MA

26週MA

起跌點圖形⑦

長期箱型後暴跌

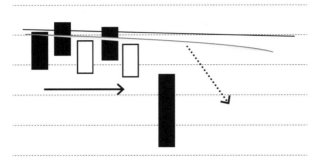

〈跌破高價圈的箱型底〉

人氣散去、成交量減少、股價長期沒有什麼大的變動，當行情處於黏著僵局狀態時，若再出現負面資訊（如虧損、財報不良等），使得股價下跌並跌出股票箱底部支撐線時，股價再繼續暴跌的可能性就會非常大。

要注意的地方

①原屬於長期黏著僵局狀態。

②股價在長時間內沒有大的變動。

③在股價跌破底部支撐線後股價出現暴跌的可能性很大。在下週開盤以市價賣出。

範例1

（圖片來源：XQ全球贏家）

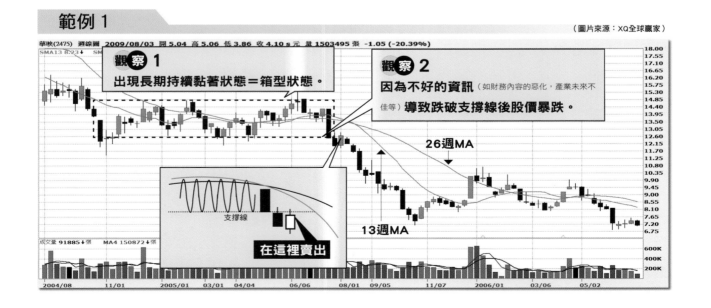

範例2

（圖片來源：XQ全球贏家）

範例3

（圖片來源：XQ全球贏家）

交易手法

攤平的為與不為！

攤平，指的是原本買進的股票出現暫時性下跌時，投資人利用再次購買同檔股票以降低平均購買價格，等股價上漲後因為平均購入價格被攤平了，可以因此獲得更高的利潤（或減少損失）。

攤平交易方法在一般散戶投資中十分常見，但必需小心絕對不可以在股市行情處於下跌趨勢時進行，如果股價出現比攤平買進時更低的情況，只會加大損失的程度別無好處。但如果行情處於移動平均線右肩上漲狀況時，攤平交易則是個正確的交易方式，所以攤平交易關鍵在於移動平均線的發展趨勢。

實例 1 在MA上漲趨勢下攤平買進（成功版本） （圖片來源：XQ全球贏家）

在出現黃金交叉①之後，移動平均線繼續保持著不錯的上漲勢頭。這個時候，還得關注一下K線。出現了幾個三角形的類型。雖然出現了上漲，但是一度和移動平均線乖離下跌後，在和移動平均線相接後又開始上漲。

如果是這樣的行情，就算已經在三角形的高價頂點買進，只要在出現一時性下跌後和移動平均線相接地方附近採攤平買進（如例中②③④）的方式，就能夠降低股價的平均買進價格。

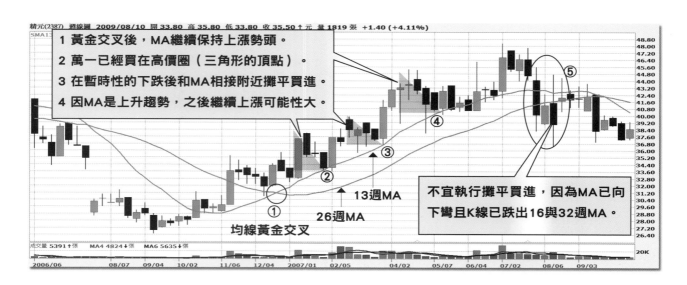

實例 2	箱型行情下的攤平買進（成功版本）

（圖片來源：XQ全球贏家）

在①買進後，行情並沒有立刻上升，在②的時候已經跌到13週MA之下了，不過，看26週MA仍很順利的屬於上漲的趨勢③，所以可以先不急著停損，行情到④遇到26週MA像彈簧一樣又把行情往上彈，在⑤的時候就可以攤平買進。本來成本是14.4元，加碼位置是11.6元，等於行情只要來到13元以上就不賠，若能順利在股票箱行情頂端15.6元賣出，就能夠增加這次投資的利潤。

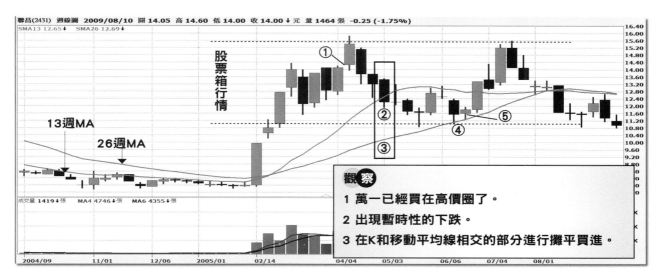

聯昌(2431) 週線圖 2009/08/10 開 14.05 高 14.60 低 14.00 收 14.00 ↓元 量 1464 張 -0.25 (-1.75%)
SMA13 12.65 ↓ SMA26 12.69 ↓

股票箱行情

13週MA

26週MA

成交量 1419 ↓張 MA4 4746 ↓張 MA6 4355 ↓張

觀察
1 萬一已經買在高價圈了。
2 出現暫時性的下跌。
3 在K和移動平均線相交的部分進行攤平買進。

絕對不能攤平買進的圖表類型（失敗版本）

看到這種圖形，千萬別攤平買進，否則只會愈攤愈"貧"。

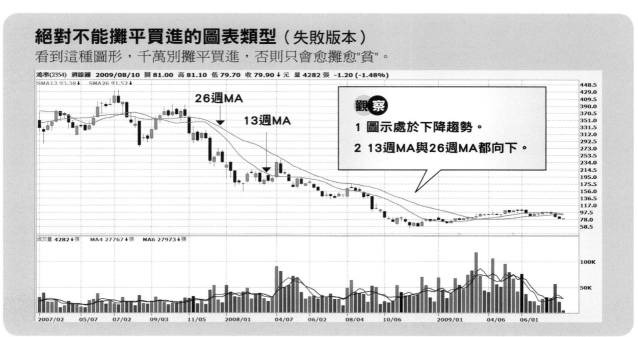

鴻準(2354) 週線圖 2009/08/10 開 81.00 高 81.10 低 79.70 收 79.90 ↓元 量 4282 張 -1.20 (-1.48%)
SMA13 93.38 ↓ SMA26 91.52 ↓

26週MA

13週MA

觀察
1 圖示處於下降趨勢。
2 13週MA與26週MA都向下。

成交量 4282 ↓張 MA4 27767 ↓張 MA6 27973 ↓張

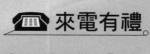

捉起漲點進階版
——棒棒圖

單元採訪●金滿喜
協力製作●王基憲

即使是被認為可信度極高的某些K線型態，
曖昧之處還是很多。
為了避免投資人過度主觀的判斷，
利用棒棒圖組合客觀數據，
增加掌握起漲點的精準度。

棒棒圖認識

哦！這就是棒棒圖 ·············

傳統K線單純而詳細的記錄了某一時間段（如一天、一週或一個月）的行情變化，而這裡要介紹的新圖表——棒棒圖原則與K線很像，不過，它加入了把前一週行情一併考慮計算的因素，使得棒棒圖的行情判別方法更為客觀。雖然這裡並沒有要取代K線圖的意思（事實上K線圖的好處是很難被取代的），但在捉起漲點這一件事上，卻有著K線圖無法取代的優點，可供做判斷行情時的輔助圖表。

製作棒棒圖需要的數據是每一週的(1)開盤價(2)最高價(2)最低價(4)收盤價，依此導出該週棒棒圖最高值、棒棒圖最低值，再依這兩個值將其圖形化，累積後成為棒棒圖。

棒棒圖最高值＝

（前一週最高價＋當週最高價＋當週收盤價）÷ 3

棒棒圖最低值＝

（前一週最低價＋當週最低價＋當週收盤價）÷ 3

假設要畫出2009年8月14日（五）當週聯發科（2454）的棒棒圖，我們得先找出2009年8月14日當週與上一週2009年8月7日的(1)開盤價(2)最高價(2)最低價(4)收盤價：

週行情	開盤價	最高價	最低價	收盤價
8月7日	474	484	448	473
8月14日	478	502	473	499

當將這些數字套入公式後，棒棒圖最高值＝（484＋502＋499）÷3＝495；棒棒圖最低值＝（448＋473＋499）÷3＝473 （※小數點以下四捨五入）。

導出數字之後，畫成一條粗直線就是個股當週的棒棒圖。

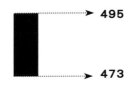

熟悉電腦的投資人利用Excel就能容易地計算，並且作圖（見：棒棒圖製作）。若你對電腦不擅長，使用方格紙用筆畫，每週畫一根黑棒棒其實也不難。

這些黑棒怎麼判讀？

分以下三點做說明－－

一、在低價圈出現兩個黑棒低值價位相同時，請留意，這可能是行情止跌的訊號。雖然同價的情況也會依出現的位置讓判讀方式有所不同，但低價圈、暴漲前、中段的下跌等出現兩個或兩個以上同價位的低值總相當程度意味著「要上漲了」的警示，這裡極有可能是起漲點。看到這種圖形可以密切注意K線的走勢。

二、製作棒棒圖最重要的部份是看「跳空」，具體地來看本文範例，從聯發科的棒棒

圖可以很明顯的看到在2009年2月13日（A）那一週出現了「跳空」暴漲，在5月8日（B）那一週又再出現同樣的「跳空」暴漲，兩次都順利的漲了不小的一段行情。

學過技術分析的投資人對於「預測目標價」應該不陌生，有人用前一波的漲幅預測下一波的漲幅（見：預測目標值N與E）。在此，棒棒圖也有一個跳空之後能漲到什麼行情的預測值，預測值的計算公式為：

［（出現跳空當週的棒棒圖最低值－前一週的收盤價）×10]＋出現跳空當週的開盤價＝預測值

將本例第一次跳空的數據（2009年2月13日那一週）套入公式就是：

［（出現跳空當週棒棒圖最低值265.8－前一週的收盤價255.5）×10]＋出現跳空當週的開盤價272.0＝預測值375元。

簡單來說，也就是由出現跳空當週的棒棒圖最低值（減去）前一週的收盤價，得到10.3元，而10.3元的10倍就是103元。把103元加上出現跳空當週的開盤價272元，得出375元這就是預期可以到達的目標股價。

再換個角度來看，由於出現跳空當週的收盤價是291元，若算出來的預測值375元準確度很高的話，獲利可以有84元（375－291），也就是若於下個星期一以291元買進，預期報酬率是29%（84／291）。

每一種技術分析都有其盲點與限制，即使棒棒圖也不例外，使用棒棒圖看行情應注意的事項有以下：

◎關於預測值部份——

(1)出現棒棒圖跳空那一週的開盤價若因賣壓強使股價大幅偏低時或是出現棒棒圖跳空那一週因買氣強，股價大幅偏高時，預測值會欠缺信賴性，請勿採用。

(2)棒棒圖會因棒棒的長短、跳空的大小、計算方法及倍率不同，但此處怕導致混亂先行省略。因此，對於這裡所給出的預測值公式，應該僅用於參考，千萬別死硬的堅持自己計算出來的數字。

◎排除適用例部份——

棒棒圖不適用於作手股、交易量很小的股票以及公司體質不佳的股票。因為這類股票容易被有心人士操控，此外應留意以下幾點：

(1)看棒棒圖投資，以在低價圈出現的跳空準度最高。

(2)最好能搭配波浪理論，棒棒圖對於捉到波浪理論中的第1波、第3波準度很高，但第5波以上並不容易確定且有可能反而出現「跳空、觸頂」下跌的可能，因此，除了從棒棒圖研判行情之外，應該熟悉艾略特的波浪分析買在第1波、第3波，但企圖持有直到第5波，就有危險性了。

(3)中段、高價圈所出現的棒棒圖向上跳空會伴隨風險，判讀時要小時，棒棒圖由高價圈往下跳空，暗示著行情由上漲轉為下跌。

要熟練棒棒圖的運用可以多看歷史圖形多比較，慢慢的對於應該在什麼地方買、什麼地方賣出就會捉住訣竅。

預測目標值「N」與「E」

利用圖形預測目標值有非常多方法，有人利用股價型態波幅與頸線之間的距離，有人計算黃金切割率，本文從棒棒圖跳空起計算也是預測未來股價的一種，這裡則要介紹N計算值、E計算值（簡稱為「N」與「E」）。

N與E的預測值如附圖，當股價已由A上升至B再調整到C時，如果現在行情正在「X1」，那麼，預測值「N」的價位可以是 N＝C＋（B－A）。如果現在行情正在「X2」，那麼，預測值「E」的價位可以是 N＝B＋（B－A）。

以附圖為例，N＝30＋（40-10）；E＝40＋（40-10）。

請留意，這些目標值只是一種預測值，所以，不能以絕對肯定的態度視之，若行情出現比現在更多的參考材料，應該以這個公式搭配預估行情。

「N」與「E」的應用可以是，假設目前行情在「X1」的時候，追溯個股行情的漲幅，第一目標是它有可能漲到「N」值，若行情真的來到「N」值，請先獲利了結，「E」值是否能來到呢？可以一面觀察一面判斷，如果行情還出現如波浪理論的第4波、第5波，E值實現的可能性就很高了。

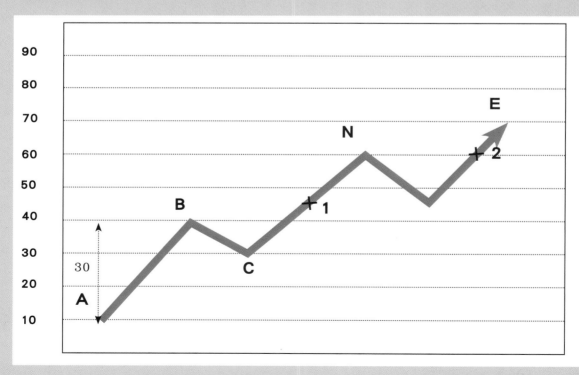

聯發科（2454）棒棒圖範例

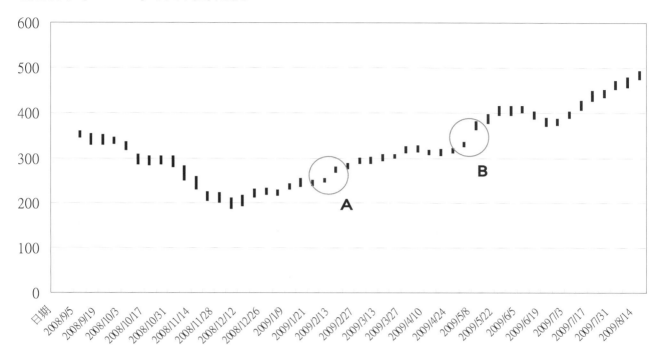

週行情	開市價	最高價	最低價	收市價	棒棒圖最高值	棒棒圖最低值	跳空暴漲	預測值
08/08/29	365.0	378.0	359.0	366.5				
08/09/05	363.0	364.5	327.0	341.0	361.2	342.3		
08/09/12	358.0	364.0	322.0	334.0	354.2	327.7		
08/09/19	325.0	348.0	308.0	348.0	353.3	326.0		
08/09/26	356.0	356.0	338.0	338.0	347.3	328.0		
08/10/03	314.5	334.0	289.0	319.5	336.5	315.5		
08/10/09	305.0	308.0	276.0	282.0	308.0	282.3		
08/10/17	280.0	308.5	272.5	295.5	304.0	281.3		
08/10/24	294.5	314.0	286.5	289.5	304.0	282.8		
08/10/31	270.0	303.0	251.0	296.0	304.3	277.8		
08/11/07	290.0	298.0	242.5	249.0	283.3	247.5		
08/11/14	249.0	256.0	221.0	221.0	258.3	228.2		
08/11/21	220.0	221.5	179.5	201.0	226.2	200.5		
08/11/28	196.0	225.0	188.0	222.0	222.8	196.5		
08/12/05	222.0	225.0	181.5	181.5	210.5	183.7		
08/12/12	177.0	217.0	177.0	209.5	217.2	189.3		

週行情	開市價	最高價	最低價	收市價	棒棒圖最高值	棒棒圖最低值	跳空暴漲	預測值
08/12/19	220.0	242.0	217.5	235.0	231.3	209.8		
08/12/26	233.0	238.0	210.5	218.5	232.8	215.5		
08/12/31	214.0	226.5	208.0	220.5	228.3	213.0		
09/01/09	229.5	258.0	228.0	248.0	244.2	228.0		
09/01/16	246.0	264.0	233.0	240.5	254.2	233.8		
09/01/21	240.5	250.0	235.5	240.0	251.3	236.2		
09/02/06	245.0	260.0	241.5	255.5	255.2	244.2		
09/02/13	272.0	291.5	265.0	291.0	280.8	265.8	跳空	375
09/02/20	293.0	295.0	273.0	281.0	289.2	273.0		
09/02/27	281.0	304.0	278.5	304.0	301.0	285.2		
09/03/06	296.5	309.0	280.5	298.0	303.7	285.7		
09/03/13	296.0	312.0	288.0	306.0	309.0	291.5		
09/03/20	308.0	313.5	301.0	301.0	308.8	296.7		
09/03/27	302.5	342.0	301.5	324.0	326.5	308.8		
09/04/03	321.0	323.5	313.5	320.5	328.7	311.8		
09/04/10	323.0	323.0	293.0	309.0	318.5	305.2		
09/04/17	310.0	330.0	303.0	311.0	321.3	302.3		
09/04/24	317.0	323.5	306.0	315.0	322.8	308.0		
09/04/30	320.0	344.5	316.0	344.5	337.5	322.2		
09/05/08	368.5	405.0	368.5	400.0	383.2	361.5	跳空	538.5
09/05/15	399.0	409.0	372.0	383.0	399.0	374.5		
09/05/22	390.0	426.0	388.0	416.5	417.2	392.2		
09/05/27	421.0	424.0	390.0	400.0	416.7	392.7		
09/06/05	415.0	416.0	398.0	407.0	415.7	398.3		
09/06/12	415.0	415.0	376.0	380.0	403.7	384.7		
09/06/19	370.0	380.0	350.0	379.0	391.3	368.3		
09/06/26	380.0	396.0	373.0	390.0	388.7	371.0		
09/07/03	392.0	412.0	380.0	408.0	405.3	387.0		
09/07/10	413.0	448.0	407.5	425.5	428.5	404.3		
09/07/17	429.0	456.0	420.0	445.5	449.8	424.3		
09/07/24	455.0	458.0	438.0	440.5	451.5	432.8		
09/07/31	442.0	485.0	442.0	471.5	471.5	450.5		
09/08/07	474.0	484.0	448.0	473.0	480.7	454.3		
09/08/14	478.0	502.0	473.0	499.0	495.0	473.3		

■ 棒棒圖輔助

瞄準波浪理論的第一與第三波！

美國的線圖技術分析家艾略特
（Ralph Nelson Elliott）分析
自1854年至1929年約80年間
紐約道瓊平均的股價波動，發現行情波動具有
一定的週期（cycle）重複上下波動而提出了著
名的艾略特波浪理論（Elliott wave theory）。
根據艾略特波浪理論，股票行情是以5個上升
波及3個下降波，合計8個波構成基本的節奏。
股價就像這種波浪一樣，以一定的波形變動，
這種波浪會無限地重複出現，一直演變下去，
這是艾略特的基本原則。本文所介紹的棒棒
圖，建議投資人一定要配合波浪理論一併觀
察，簡單的說，就是像波浪理論套用在平常所
看的K線圖一樣的判斷。如此，就更能加強棒
棒圖的準確度。

投資要能獲利先大致上捉出行情大的變化
（目前行情處於上升波？還是下降波？）是
極為重要的。雖然艾略特波浪理論並非經常
100％正確，但波動確實是存在的。至少有一
點是絕對正確的：再好的行情也不可能永遠上
漲，再壞的行情也不可能永遠下跌，不過，
最安全運用艾略特波浪理論，只要捉3波就夠
了，也就是應該把波動的基本視為3波動，也
就是行情第1波漲、第二波調整、第3波就結
束，至於會上升至第5波或更進一步上升至第7
波，可一面觀察行情的動向，一面加以判斷。

為了在投資市場中賺到錢，在最初的第一
波，至遲在第3波進場才有贏面。若配合使用
棒棒圖的話，就可以更準的找出買點。

艾略特波浪理論的股票行情

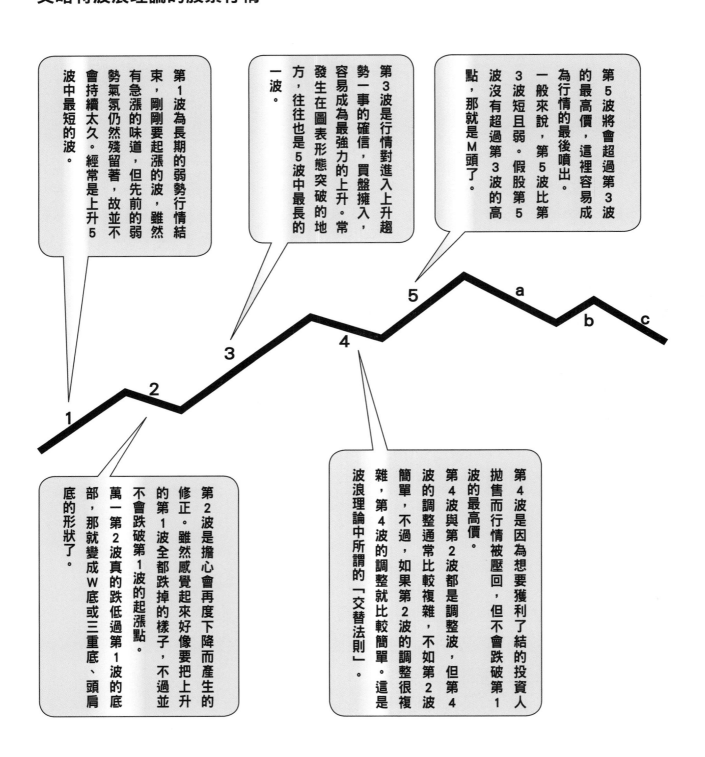

第1波為長期的弱勢行情結束，剛剛要起漲的波，雖然有急漲的味道，但先前的弱勢氣氛仍然殘留著，故並不會持續太久。經常是上升5波中最短的波。

第2波是擔心會再度下降而產生的修正。雖然感覺起來好像要把上升的第1波全都跌掉的樣子，不過並不會跌破第1波的起漲點。萬一第2波真的跌低過第1波的底部，那就變成W底或三重底、頭肩底的形狀了。

第3波是行情對進入上升趨勢一事的確信，買盤擁入，容易成為最強力的上升。常發生在圖表形態突破的地方，往往也是5波中最長的一波。

第4波是因為想要獲利了結的投資人拋售而行情被壓回，但不會跌破第1波的最高價。第4波與第2波都是調整波，但第4波的調整通常比較複雜，不如第2波簡單。不過，如果第2波的調整很複雜，第4波的調整就比較簡單。這是波浪理論中所謂的「交替法則」。

第5波將會超過第3波的最高價，這裡容易成為行情的最後噴出。一般來說，第5波比第3波短且弱。假設第5波沒有超過第3波的高點，那就是M頭了。

■ 棒棒圖範例

跳空→買進！簡單運用 ·····························

了 解棒棒圖並輔助的艾略特波浪理論後，以下舉實例為參考。除了已經繪製好的棒棒圖，也附有原始數據，投資人可以利用電腦或用計算機也可以導出同樣的數字。

實例 1　　　中鋼

在①、 ②、③雖然是跳空，但這裡沒有把前面的行情列出來，不知是否為從低價開始轉入上漲，所以，要單從棒棒圖來看是否為起漲點並不準確，所以，先忽略它，但在④棒棒圖跳空是在一段和緩的中段整理（約4個月）之後發生，預測值是53.8，當週的收盤價是52.3，換算比率約只有2.9%獲利率【（53.8-52.3）／52.3】，從這個數字來推斷，買進獲利沒有很誘人，不過，行情確實來到超過預測值53.8。

值得注意的是⑤的跳空，因為它是在一長段不漲不跌的僵局行情之後出現，起漲的第一波機會很高是買進點，雖然預測值套用棒棒圖的預測公式無法計算出來，但可改用其他預測方式。

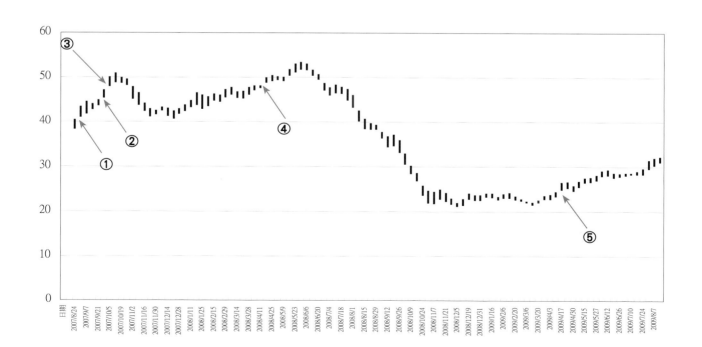

週行情	開市價	最高價	最低價	收市價	棒棒圖 最高值	棒棒圖 最低值	跳空 暴漲	預測值
07/08/17	40.8	41.3	36.5	37.5				
07/08/24	40.0	40.8	38.6	39.3	40.5	38.1		
07/08/31	39.8	44.8	39.2	44.8	43.5	40.9	跳空①	55.8
07/09/07	45.0	45.0	41.9	43.9	44.6	41.7		
07/09/14	42.9	43.9	42.7	43.3	44.1	42.6		
07/09/21	42.9	45.7	42.5	45.1	44.9	43.4		
07/09/28	45.7	48.4	45.4	47.6	47.2	45.2	跳空②	46.7
07/10/05	48.0	52.0	47.8	50.0	50.1	47.7	跳空③	49
07/10/12	50.5	51.4	48.8	49.5	51.0	48.7		
07/10/19	49.5	49.9	48.0	48.8	50.0	48.5		
07/10/26	46.8	49.5	46.8	49.5	49.6	48.1		
07/11/02	49.9	50.2	44.0	44.0	47.9	44.9		
07/11/09	44.0	45.5	43.0	43.9	46.5	43.6		
07/11/16	43.0	45.0	41.5	42.1	44.2	42.2		
07/11/23	42.1	42.4	40.0	41.6	43.0	41.0		
07/11/30	42.5	43.1	41.9	42.5	42.7	41.5		
07/12/07	43.0	43.7	42.0	43.3	43.3	42.4		
07/12/14	43.6	44.0	40.0	41.5	43.0	41.2		
07/12/21	41.3	42.0	40.0	41.6	42.5	40.5		
07/12/28	42.0	43.5	41.4	43.3	42.9	41.6		
08/01/04	43.3	44.5	42.0	43.4	43.8	42.3		
08/01/11	43.0	45.8	42.8	44.3	44.9	43.0		
08/01/18	45.7	49.2	43.1	44.8	46.6	43.6		
08/01/25	44.9	45.0	41.0	44.0	46.1	42.7		
08/02/01	43.8	46.0	43.1	46.0	45.7	43.4		
08/02/15	45.1	46.7	44.4	46.4	46.4	44.6		
08/02/22	46.5	46.9	44.0	44.8	46.1	44.4		
08/02/29	45.0	47.8	45.0	47.0	47.2	45.3		
08/03/07	46.0	48.2	45.4	47.3	47.8	45.9		
08/03/14	47.0	47.3	45.0	45.0	46.8	45.1		
08/03/21	44.6	47.1	43.8	46.5	47.0	45.1		
08/03/28	49.0	49.0	46.8	47.3	47.8	45.9		
08/04/03	47.3	48.2	46.9	47.3	48.1	47.0		
08/04/11	47.5	48.2	47.4	48.2	48.2	47.5		
08/04/18	48.1	51.2	48.0	50.7	50.0	48.7	跳空	53.6

週行情	開市價	最高價	最低價	收市價	棒棒圖最高值	棒棒圖最低值	跳空暴漲	預測值
08/04/25	50.7	50.7	49.4	49.8	50.6	49.1		
08/05/02	49.5	50.2	48.7	49.9	50.3	49.3		
08/05/09	49.7	50.2	48.7	49.8	50.1	49.1		
08/05/16	49.8	53.0	49.6	52.3	51.8	50.2	跳空 ④	53.8
08/05/23	52.5	54.4	51.5	51.7	53.0	50.9		
08/05/30	51.7	53.9	51.5	52.0	53.4	51.7		
08/06/06	52.0	53.0	50.5	52.3	53.1	51.4		
08/06/13	51.5	51.9	50.0	50.2	51.7	50.2		
08/06/20	50.6	51.4	49.1	49.1	50.8	49.4		
08/06/27	48.5	48.9	45.8	45.9	48.7	46.9		
08/07/04	46.0	48.5	45.8	45.8	47.7	45.8		
08/07/11	45.6	48.3	44.9	48.3	48.4	46.3		
08/07/18	48.0	48.4	46.5	47.0	47.9	46.1		
08/07/25	47.5	49.9	43.8	43.9	47.4	44.7		
08/08/01	43.5	44.8	42.1	43.4	46.0	43.1		
08/08/08	43.0	43.0	37.8	40.0	42.6	40.0		
08/08/15	40.0	40.3	38.1	38.8	40.7	38.2		
08/08/22	39.0	39.8	37.2	39.1	39.7	38.1		
08/08/29	39.5	39.7	38.5	38.8	39.4	38.2		
08/09/05	38.5	38.6	34.9	35.0	37.8	36.1		
08/09/12	36.6	37.5	33.4	34.4	36.8	34.2		
08/09/19	34.4	37.0	33.0	37.0	37.2	34.5		
08/09/26	37.5	37.8	33.0	33.1	36.0	33.0		
08/10/03	30.8	31.9	28.8	29.2	32.9	30.3		
08/10/09	28.3	30.2	27.4	28.8	30.3	28.3		
08/10/17	27.8	29.6	26.3	26.3	28.7	26.7		
08/10/24	25.4	25.8	22.1	22.1	25.8	23.5		
08/10/31	20.6	24.1	19.2	24.1	24.6	21.8		
08/11/07	25.7	25.7	22.1	23.5	24.4	21.6		
08/11/14	23.0	25.8	22.5	23.4	24.9	22.7		
08/11/21	22.7	23.9	21.0	22.8	24.2	22.1		
08/11/28	22.5	22.8	21.5	22.1	22.9	21.5		
08/12/05	21.5	22.1	20.4	21.2	22.0	21.0		
08/12/12	20.9	23.9	20.9	22.6	22.9	21.3		
08/12/19	23.0	24.3	22.9	23.9	24.0	22.5		

週行情	開市價	最高價	最低價	收市價	棒棒圖 最高值	棒棒圖 最低值	跳空 暴漲	預測值
08/12/26	24.1	24.3	21.6	22.7	23.7	22.4		
08/12/31	22.7	23.7	22.5	23.1	23.7	22.4		
09/01/09	24.0	25.1	23.2	23.4	24.1	23.0		
09/01/16	23.0	24.1	22.5	23.2	24.1	23.0		
09/01/21	23.4	23.4	22.2	22.6	23.4	22.4		
09/02/06	22.2	24.2	22.0	24.2	23.9	22.8		
09/02/13	24.5	24.7	23.1	23.6	24.2	22.9		
09/02/20	23.3	23.4	22.2	22.3	23.5	22.5		
09/02/27	22.2	22.7	22.0	22.4	22.8	22.2		
09/03/06	22.2	22.6	21.5	22.0	22.4	21.8		
09/03/13	21.9	22.0	21.0	21.6	22.1	21.4		
09/03/20	21.9	22.9	21.7	22.8	22.6	21.8		
09/03/27	23.0	24.5	22.6	23.5	23.6	22.6		
09/04/03	23.2	23.7	22.0	23.4	23.9	22.7		
09/04/10	23.5	24.9	22.7	24.9	24.5	23.2		
09/04/17	25.5	28.6	25.4	26.2	26.5	24.8	跳空 ⑤	**
09/04/24	25.5	26.2	24.6	25.1	26.6	25.0		
09/04/30	25.3	25.6	23.2	25.6	25.8	24.5		
09/05/08	26.5	28.0	25.7	27.0	26.8	25.3		
09/05/15	26.9	27.9	26.2	26.9	27.6	26.3		
09/05/22	27.3	28.5	26.4	26.7	27.7	26.4		
09/05/27	26.8	28.4	26.5	27.7	28.2	26.9		
09/06/05	28.5	30.1	28.0	28.8	29.1	27.8		
09/06/12	29.4	29.5	26.9	28.7	29.4	27.9		
09/06/19	28.6	28.6	27.5	27.9	28.6	27.4		
09/06/26	28.1	28.6	27.1	28.3	28.5	27.6		
09/07/03	28.5	28.9	27.9	28.6	28.7	27.9		
09/07/10	28.6	28.7	28.0	28.5	28.7	28.1		
09/07/17	28.5	29.3	27.3	29.2	29.1	28.2		
09/07/24	29.5	30.8	28.3	28.8	29.6	28.1		
09/07/31	29.0	31.8	28.3	31.7	31.4	29.4		
09/08/07	32.0	32.7	30.5	31.5	32.0	30.1		
09/08/14	32.3	32.5	30.7	31.5	32.2	30.9		

實例 2 　台肥

①的前面沒有資料，在此先忽略。②的跳空因為是在長達15週的盤整行情之後，所以，可以視為起漲點，預測值在94.8，連在②跳空棒棒之後③也跳空，可以視為一種很強的上漲力量，③跳空的預測值在115，投資人可以在預測值先獲利了結。由於從②開始是擺脫低價盤整的局面，行情在120左右又出現一種漲多調整的局面，在這裡可以大膽的搭配波浪理論，從②跳空後算起漲第一波，在一段調整行情後再繼續第3波。在波浪理論一節中曾討論到，投資人要捉第1波、第3波比較容易，雖然也可以用很多的理論再去研究第5波甚至第7波，但相對來講，機率就不是那麼高，若太執著一定要把「勢」給用盡，反而容易受傷，因此，在此建議投資人，只要針對「看得懂」的最「豐美行情」把握住就好了。

在④的情況也是很好辨認的地方，跟②一樣，都是在一段長時間的盤整之後出現的跳空，這裡就可以視為另一波行情的起漲點。另外，再請看④之前特別標示出兩個價位，一個是52.77，一個是53.13，當行情在下跌中，出現兩根棒棒圖的低值極為相同或甚至是相同數值時，投資人應該警覺這裡可能是行情「跌不下去」的轉折點，若在此之後又出現跳空，行情起漲的標誌就更確認了。

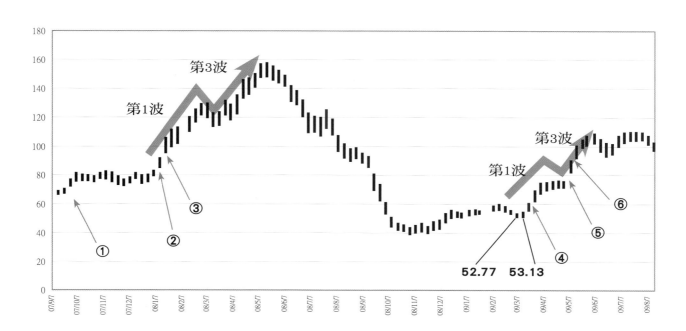

週行情	開市價	最高價	最低價	收市價	棒棒圖最高值	棒棒圖最低值	跳空暴漲	預測值
07/09/07	68.4	71.5	67.1	68.2				
07/09/14	67.4	67.6	64.7	67.4	68.83	66.40		
07/09/21	67.4	72.2	66.2	71.3	70.37	67.40		
07/09/28	71.6	79.8	71.4	78.8	76.93	72.13	跳空 ①	79.9
07/10/05	79.8	85.4	77.3	78.7	81.30	75.80		
07/10/12	79.9	80	75.1	75.4	80.27	75.93		
07/10/19	75.5	80	73.2	79.5	79.83	75.93		
07/10/26	77.5	78.8	75.1	78	78.93	75.43		
07/11/02	78.5	86	78	79	81.27	77.37		
07/11/09	78.5	82.7	74.2	79	82.57	77.07		
07/11/16	77	83.3	72.8	78.5	81.50	75.17		
07/11/23	79.1	80.7	73.5	73.5	79.17	73.27		
07/11/30	74	75.3	70	73.8	76.60	72.43		
07/12/07	74.8	80.5	74.5	79.3	78.37	74.60		
07/12/14	79	81.9	76.7	81.5	81.30	77.57		
07/12/21	81	81	69.3	76.4	79.77	74.13		
07/12/28	77.7	80.3	77	79.6	80.30	75.30		
08/01/04	79.6	84.1	77.6	84.1	82.83	79.57		
08/01/11	84.5	96.9	83.9	93.9	91.63	85.13	跳空 ②	94.8
08/01/18	100	114	96.8	105.5	105.47	95.40	跳空 ③	115
08/01/25	106.5	112.5	94	107.5	111.33	99.43		
08/02/01	107.5	114	100	111.5	112.67	101.83		
08/02/15	111	126	110.5	119.5	119.83	110.00		
08/02/22	121	125	114	124.5	125.17	116.33		
08/02/29	128	137	125	125	129.00	121.33		
08/03/07	123.5	131	114	119.5	129.17	119.50		
08/03/14	116.5	121	110	116	122.67	113.33		
08/03/21	115.5	126.5	111	122	123.17	114.33		
08/03/28	130.5	133.5	120	133.5	131.17	121.50		
08/04/03	132	132.5	113.5	120	128.67	117.83		
08/04/11	120	137	118	135	134.83	122.17		
08/04/18	136	154	135	146	145.67	133.00		
08/04/25	149	150	136	136.5	146.83	135.83		
08/05/02	139	151	137.5	148	149.67	140.50		

週行情	開市價	最高價	最低價	收市價	棒棒圖 最高值	棒棒圖 最低值	跳空 暴漲	預測值
08/05/09	153	159.5	145.5	159	156.50	147.33		
08/05/16	159.5	161.5	146.5	151.5	157.50	147.83		
08/05/23	153	157	143.5	146.5	155.00	145.50		
08/05/30	149	152	141	147	152.00	143.83		
08/06/06	146	148.5	138	145	148.50	141.33		
08/06/13	141	142	121	133.5	141.33	130.83		
08/06/20	133	137	129	135.5	138.17	128.50		
08/06/27	135	141.5	116	116	131.50	120.33		
08/07/04	116	117.5	103	109	122.67	109.33		
08/07/11	108	121.5	104	121.5	120.17	109.50		
08/07/18	122.5	128	108	108.5	119.33	106.83		
08/07/25	113	127	110	119.5	124.83	112.50		
08/08/01	112.5	120.5	105.5	108	118.50	107.83		
08/08/08	106	107.5	90.5	92.8	106.93	96.27		
08/08/15	93.5	102	91.5	94	101.17	92.00		
08/08/22	95	97.5	83.2	94.5	98.00	89.73		
08/08/29	96.1	100.5	94	97.7	98.57	91.63		
08/09/05	96.1	97.9	85.4	86.2	94.87	88.53		
08/09/12	91.6	94.1	85	86.1	92.70	85.50		
08/09/19	84.5	84.5	61.4	62.5	80.37	69.63		
08/09/26	63.9	72.4	62.3	63.2	73.37	62.30		
08/10/03	58.8	61.2	49.05	49.05	60.88	53.47		
08/10/09	45.65	47.6	40.7	43	50.60	44.25		
08/10/17	42.3	47.4	41.5	44.1	46.37	42.10		
08/10/24	42.6	48.5	40.8	40.8	45.57	41.03		
08/10/31	37.9	40.7	35.3	40.7	43.30	38.93		
08/11/07	41.45	49.2	39.45	45.6	45.17	40.12		
08/11/14	45	48.6	40.9	41.7	46.50	40.68		
08/11/21	41.2	44	37.2	40.55	44.38	39.55		
08/11/28	40.5	50.4	40.3	48.2	47.53	41.90		
08/12/05	49.1	51.5	43.6	44	48.63	42.63		
08/12/12	44.7	55.8	44.6	53.1	53.47	47.10		
08/12/19	55	56.5	52	54.8	55.70	50.47		
08/12/26	55	55.3	49.6	51.6	54.47	51.07		

週行情	開市價	最高價	最低價	收市價	棒棒圖最高值	棒棒圖最低值	跳空暴漲	預測值
08/12/31	51.6	53.8	50.3	52.2	53.77	50.70		
09/01/09	54.7	58.3	52.1	54.5	55.53	52.30		
09/01/16	54.5	55.5	51.9	54.3	56.03	52.77		
09/01/21	55	55.6	53.4	54.1	55.07	53.13		
09/02/06	54.4	60	53.8	60	58.53	55.73	跳空 ④	70.7
09/02/13	60.8	62.2	56.5	57.6	59.93	55.97		
09/02/20	57.6	58.4	53.5	54	58.20	54.67		
09/02/27	53.8	54.8	52.8	53.6	55.60	53.30		
09/03/06	53.2	53.4	49	51.6	53.27	51.13		
09/03/13	52.4	55.2	50	54.6	54.40	51.20		
09/03/20	55	63.8	54.3	62.5	60.50	55.60		
09/03/27	63.4	73.6	61.6	70.2	69.20	62.03	暴漲 ⑤	**
09/04/03	70	75.9	66.6	74	74.50	67.40		
09/04/10	74.9	75	69	73.2	74.70	69.60		
09/04/17	73	79.9	71.3	71.5	75.47	70.60		
09/04/24	71.5	74.8	69	73.6	76.10	71.30		
09/04/30	74.5	75.8	69.6	75.8	75.47	71.47		
09/05/08	81.1	99.1	81.1	95.5	90.13	82.07		
09/05/15	95.7	102	95.1	100	100.37	92.07	暴漲 ⑥	**
09/05/22	100	107.5	98.2	104	104.50	99.10		
09/05/27	106	110	100	104	107.17	100.73		
09/06/05	106	112	102	104	108.67	102.00		
09/06/12	108	108	93	94	104.67	96.33		
09/06/19	93.6	99.8	87.5	98.3	102.03	92.93		
09/06/26	98.7	103.5	95.6	100.5	101.27	94.53		
09/07/03	101.5	110.5	97.3	107	107.00	99.97		
09/07/10	108.5	111.5	105	105.5	109.17	102.60		
09/07/17	105.5	110	99.1	108	109.83	104.03		
09/07/24	108	111.5	105	108	109.83	104.03		
09/07/31	109.5	112	104	104	109.17	104.33		
09/08/07	104	107.5	99	101.5	107.00	101.50		
09/08/14	100	101.5	94	98.5	102.50	97.17		

實例3　鴻海

在一段和緩漲勢之下出現①跳空，未來會出現一波漲勢準度很高，導入計算公式，預測值在73.8，當週收盤價在69.7，可預估獲利的空間是約為6%，以這張圖來看，第二次出現跳空收盤價是78.2，預估價是92.1，可預估獲利的空間是約為18%，像這樣的棒棒圖，一直和緩向上趨勢，若你買在69.7可以牢牢的抱到92.1，算是相當安全的，雖然現在看起來行情出現超過92.1很多的價錢，但有本事能抱到120多元，這絕對是靠運氣了。

所以，這裡建議，若棒棒圖在安全處跳空（也就是在一段相對低檔且行情沒有大波動的盤整之後跳空）且一直很和緩的上漲，中間還偶有夾雜跳空、繼續上漲時，只要棒棒圖沒有中途大幅的下跌，就可以一直以預測值為參考繼續持有。

若行情很強使得價格超出預測值很多且繼續上漲的情況也是有的，不過千萬別太貪心，跳空急漲也有可能就是最高價的時候，投資人不可不慎。

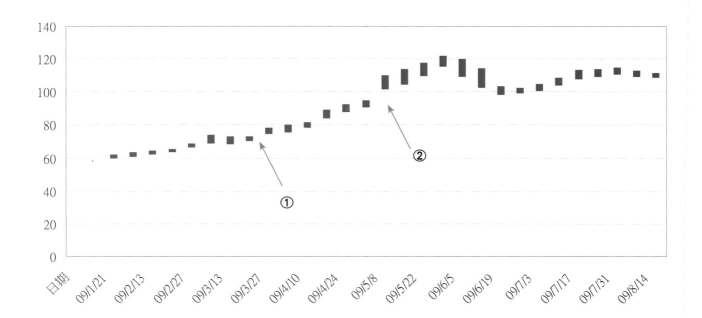

週行情	開市價	最高價	最低價	收市價	棒棒圖最高值	棒棒圖最低值	跳空暴漲	預測值
09/1/16	61.2	65.5	60.5	62.2				
09/1/21	62.5	62.6	58.4	59	62.37	59.30		
09/2/6	59.5	64.5	59.4	63.5	63.53	60.43		
09/2/13	64.5	65.7	61.7	63.3	64.50	61.47		
09/2/20	64.9	66.4	63.5	64.8	65.63	63.33		
09/2/27	64.5	69.9	64	69.7	68.67	65.73	跳空 ①	73.8
09/3/6	68.6	76.7	65.3	75.4	74.00	68.23		
09/3/13	70.2	72	66.7	71	73.23	67.67		
09/3/20	71.5	74.7	71.1	72	72.90	69.93		
09/3/27	72.8	81.5	72.5	78.2	78.13	73.93	跳空 ②	92.1
09/4/3	77	79.7	74	79	80.07	75.17		
09/4/10	80	83	78.4	81.5	81.40	77.97		
09/4/17	82.3	94.2	81.9	89.9	89.03	83.40		
09/4/24	90.9	93	89	90.9	92.70	87.27		
09/4/30	91.8	95.6	86	95.6	94.73	90.20		
09/5/8	102	118.5	102	115.5	109.87	101.17		
09/5/15	115.5	116	103	107.5	114.00	104.17		
09/5/22	110	120	108.5	116.5	117.50	109.33		
09/5/27	118	123	113	123	122.00	114.83		
09/6/5	129	130.5	105.5	107	120.17	108.50		
09/6/12	112	112	100	101	114.50	102.17		
09/6/19	99.5	99.5	95.2	98.7	103.40	97.97		
09/6/26	100.5	106.5	98.5	102	102.67	98.57		
09/7/3	103.5	106.5	99.6	102	105.00	100.03		
09/7/10	102	110.5	101	109.5	108.83	103.37		
09/7/17	112	116	107	114	113.50	107.33		
09/7/24	115	116	109	110	114.00	108.67		
09/7/31	110	115	108.5	113	114.67	110.17		
09/8/7	113	115	108	109	113.00	108.50		
09/8/14	108.5	110	106	110	111.67	108.00		

棒棒圖製作
用EXCEL軟體DIY ·············

繪製棒棒圖最好的辦法是學會
EXCEL軟體繪圖，鎖定幾檔
自己偏好的個股追蹤，以下是
製作圖形的步驟——

步驟① 捉週K線數據

製作棒棒圖必需先有個股每週的開盤、收盤、最高與最低價歷史數據，免費資源建議可以上
GOOGLE FINANCE（http://www.google.com.hK/finance）或YAHOO FINANCE（http://finance.yahoo.
com），如果你偏好中文界面建議用GOOGLE FINANCE 雖然它目前並沒有台灣版本（繁體中文只有
香港版）但因為界面是繁體中文所以使用起來比較輕鬆，只不過在鍵入搜尋股號時，請務必在股號
前面加「TPE：」，例如，你想找台積電（2330）的行情，就要在查詢欄上鍵入「TPE：2330」，
否則網站會秀出「沒有資料」，或是提供其他交易市場的股票資料。
找到目標個股，只要按左邊「過往股價」即可找到你要的歷史數據。

（圖片來源：GOOGLE FINANCE）

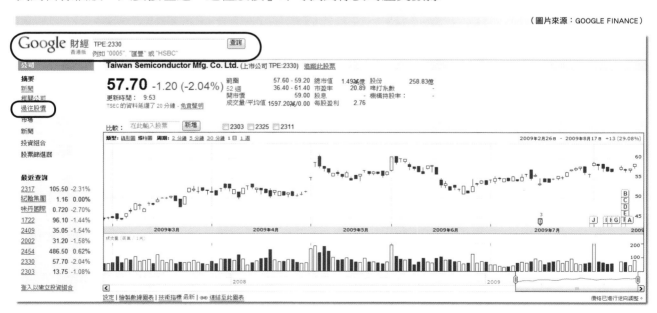

步驟② 把每週的交易數字COPY到EXCEL檔

網站提供每日、每週的交易數據，按右上角的時間，可以選取你想要數據的時間段，算是相當簡易好用的界面。

使用者只要把你要的部份點選起來並按滑鼠右鍵「複製」或是利用鍵盤同時按「Ctrl」＋「C」，就能把整個數據COPY下來。再開啟EXCEL軟體的新檔案，按滑鼠右鍵「貼上」或是利用鍵盤同時按「Ctrl」＋「V」，就能把整個數據貼到EXCEL上。

（圖片來源：GOOGLE FINANCE）

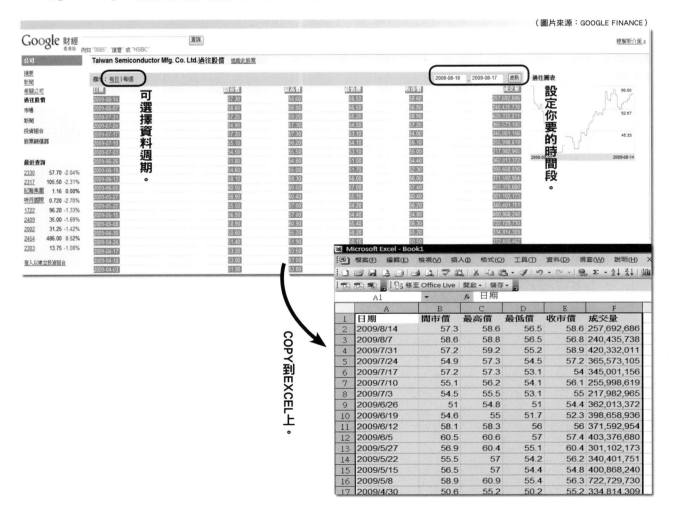

步驟③ 整理EXCEL檔

先刪除不必要的成交量。方式是先把「成交量」那一欄圈選起來，在工具列的「編輯」項下點選「刪除」。

由於網路的時間排序由上而下，也就是愈近的日期排在最上面，如果採用這種方式製作圖表也可以，但跟我們習慣K線圖的看法往右是最近的時間序會相反，為了避免這種不便的看圖方法，在這裡先把時間序顛倒過來。方法是在先把「日期」欄整個圈選起來，再按「A→Z遞增排序」鍵，按下這個鍵，電腦會問你要如何排序，請點選「將選定範圍擴大」，這樣，在每週的交易行情才會跟著日期一起排序。

① 刪除成交量。

② 換成「遞增排序」。

③ 將選定範圍擴大。

步驟④ 計算棒棒圖最高與最低值

接下來就要運用EXCEL最善長的地方──計算。

計算棒棒圖最高值的公式是「（上週最高價＋本週最高價＋本週收盤價）÷3」，只要在「棒棒圖最高值」第二個方框內（因為第一週沒有"上週"的資料，故不能計算）鍵入「＝（C2＋C3＋E3）／3」再按「ENTER」鍵，就可以計算出第一筆數字。接著整個往下拉每一個欄位就會以相同的計算公式把每一週的棒棒圖最高值計算出來。

計算棒棒圖最低值的公式是「（上週最低價＋本週最低價＋本週收盤價）÷3」，只要在「棒棒圖最低值」第二個方框內鍵入「＝（D2＋D3＋E3）／3」同樣的方式也能計算出計算棒棒圖最低值。

F3   fx =(C2+C3+E3)/3

	A	B	C	D	E	F	G
1	日期	開市價	最高價	最低價	收市價	黑棒圖最高值	黑棒圖最低值
2	2009/1/16	41	44	40.5	41.7		
3	2009/1/21	41.7	41.8	38.7	40.2	42	
4	2009/2/6	41.2	45	40.5	44.7		
5	2009/2/13	46.4	46.6	44	45.95		
6	2009/2/20	46.95	46.95	43.05	43.9		
7	2009/2/27	43.8	45.45	43.5	44.95		
8	2009/3/6	46	48.75	44.15	48.5		
9	2009/3/13	48	50	46.5	49.5		
10	2009/3/20	50	50.6	47.7	47.7		
11	2009/3/27	48.4	53	48.4	51.9		
12	2009/4/3	51.8	53.8	50.7	52.6		
13	2009/4/10	53	53	49	53		
14	2009/4/17	53.5	53.5	50	50.4		
15	2009/4/24	51.4	51.9	50.1	50.5		
16	2009/4/30	50.6	55.2	50.2	55.2		
17	2009/5/8	58.9	60.9	55.4	56.3		
18	2009/5/15	56.5	57	54.4	54.8		
19	2009/5/22	55.5	57	54.2	56.2		
20	2009/5/27	56.9	60.4	55.1	60.4		
21	2009/6/5	60.5	60.6	57	57.4		
22	2009/6/12	58.1	58.3	56	56		
23	2009/6/19	54.6	55	51.7	52.3		
24	2009/6/26	51	54.8	51	54.4		
25	2009/7/3	54.5	55.5	53.1	55		
26	2009/7/10	55.1	56.2	54.1	56.1		
27	2009/7/17	57.2	57.3	53.1	54		
28	2009/7/24	54.9	57.3	54.5	57.2		
29	2009/7/31	57.2	59.2	55.2	58.9		
30	2009/8/7	58.6	58.8	56.5	56.8		
31	2009/8/14	57.3	58.6	56.5	58.6		

G3   fx =(D2+D3+E3)/3

	A	B	C	D	E	F	G
1	日期	開市價	最高價	最低價	收市價	黑棒圖最高值	黑棒圖最低值
2	2009/1/16	41	44	40.5	41.7		
3	2009/1/21	41.7	41.8	38.7	40.2	42	39.8
4	2009/2/6	41.2	45	40.5	44.7	43.83333	41.3
5	2009/2/13	46.4	46.6	44	45.95	45.85	43.48333
6	2009/2/20	46.95	46.95	43.05	43.9	45.81667	43.65
7	2009/2/27	43.8	45.45	43.5	44.95	45.78333	43.83333
8	2009/3/6	46	48.75	44.15	48.5	47.56667	45.38333
9	2009/3/13	48	50	46.5	49.5	49.41667	46.71667
10	2009/3/20	50	50.6	47.7	47.7	49.43333	47.3
11	2009/3/27	48.4	53	48.4	51.9	51.83333	49.33333
12	2009/4/3	51.8	53.8	50.7	52.6	53.13333	50.56667
13	2009/4/10	53	53	49	53	53.26667	50.9
14	2009/4/17	53.5	53.5	50	50.4	52.3	49.8
15	2009/4/24	51.4	51.9	50.1	50.5	51.96667	50.2
16	2009/4/30	50.6	55.2	50.2	55.2	54.1	51.83333
17	2009/5/8	58.9	60.9	55.4	56.3	57.46667	53.96667
18	2009/5/15	56.5	57	54.4	54.8	57.56667	54.86667
19	2009/5/22	55.5	57	54.2	56.2	56.73333	54.93333
20	2009/5/27	56.9	60.4	55.1	60.4	59.26667	56.56667
21	2009/6/5	60.5	60.6	57	57.4	59.46667	56.5
22	2009/6/12	58.1	58.3	56	56	58.3	56.33333
23	2009/6/19	54.6	55	51.7	52.3	55.2	53.33333
24	2009/6/26	51	54.8	51	54.4	54.73333	54.93333
25	2009/7/3	54.5	55.5	53.1	55	55.1	53.03333
26	2009/7/10	55.1	56.2	54.1	56.1	55.93333	54.43333
27	2009/7/17	57.2	57.3	53.1	54	55.83333	53.73333
28	2009/7/24	54.9	57.3	54.5	57.2	57.26667	54.93333
29	2009/7/31	57.2	59.2	55.2	58.9	58.46667	56.2
30	2009/8/7	58.6	58.8	56.5	56.8	58.26667	56.16667
31	2009/8/14	57.3	58.6	56.5	58.6	58.66667	57.2
32							
33							

步驟⑤ 繪製棒棒圖

EXCEL可以直接繪製股票圖，但繪圖欄位必需按照「開盤、最高、最低、收盤」四個價位排列。由於棒棒圖只有兩個價位，所以，在製作前先行複製一個開盤價（最低價）與收盤價（最高價）。

把剛才製作好的四個數據點選起來，再按「圖表精靈」，就會出現一個對話方塊，請點選「股價圖」，再點選要繪製成K線的樣式，按照畫面指示，就能製作出棒棒圖了。

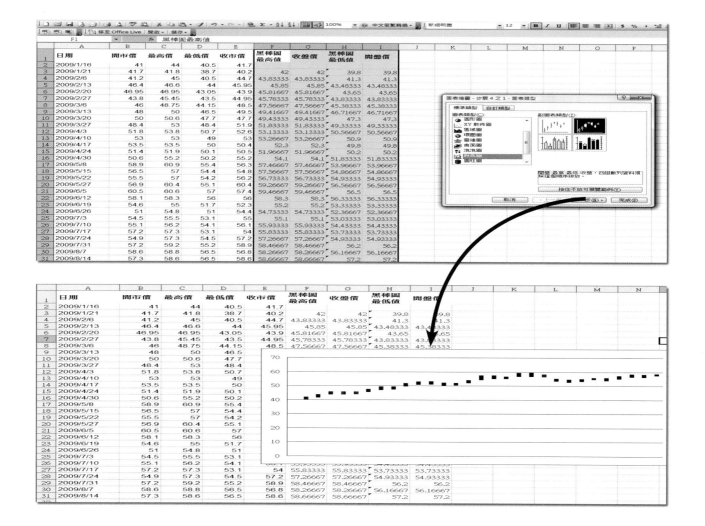

注目戰略 ①

文／新米太郎

放空

安全操作法——確認頭部位置，趁勢獲利

當行情處於上升情勢中，投資人要站在「買」的立場，當行情處於下跌的情勢時，投資人要站在「賣」的立場。換句話說，如果不能忍得住在行情下跌時不做股票，就應該習慣放空股票這麼一回事。

有人把股票市場的「放空者」視之為「投機者」，其實，這樣的認知並不完全正確，因為股價若高過內在價值太多時，必然下跌，而放空股票的投資人就某種層面來說，只是讓這些高過內在價值的股票早一點回到它應有的行情。而就投資人的一面來說，趨勢下跌時除了站在賣方之外，是很難獲利的。

景氣總是不斷的上上下下，行情波動是無庸置疑的，景氣不可能永遠是一片榮景，當然也不會全都是壞景氣。

當景氣好時，股票市場會持續上升，相反的，景氣差時股票也會好長一段時間下跌。當股票市場進入下跌趨勢時，想藉由買進股票獲利非常困難，而且這無關股票類型，幾乎所有類型的股票都不能與景氣相敵，景氣不佳股票將全面下挫，這是必然的，尤其是對景氣循環

敏感的景氣循環類股更是如此。

　　自從金融海嘯嚴重性與影響層面明朗化後，先進國家一個一個開始下修經濟成長，不可否認的，那些歌頌美好景氣的年代已經成為過去式，連一向不把高負債當成一回事的美國，更在新總統歐巴馬上台後積極處理景氣衰退的因應之道。

　　台股當然不可能從這種全球性的景氣衰退中倖免，因此投資人也應正視並學習放空股票的知識。

　　首先簡要說明放空的基本知識。

　　放空是利用信用交易的一種，也就是投資人在看壞股市行情時向證券公司「借」股票賣出，等股價下跌後再買回還給證券公司。

　　投資人若能順利的先以「高價賣出」再以「低價買入」中間的價差就是獲利，這是當股價處於下跌趨勢時，有效的獲利戰略（圖1）。

圖1　放空的流程

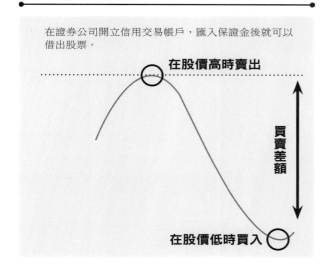

在證券公司開立信用交易帳戶，匯入保證金後就可以借出股票。

在股價高時賣出

買賣差額

在股價低時買入

放空風險：損失＝無限大

一般股票投資是「低買高賣」，放空則是「高賣低買」，同樣都是賺取中間的價差。那麼，兩者究竟有何差異呢？

用個比較極端的例子來說明，假設，現在某標的股股價為50元，買進後股票很不幸的跌到0元，帳面損失就是50元。但是，若你是放空而股價由原來的50元漲到200元，那麼，帳面損失就是150元，也就是若你是買進股票，最糟糕的情況就是股價跌到0元，但放空股票，行情上漲是無上限的，放空的風險也就等於無限大。

此外，一般股票想趁便宜時買入都很難了，如果是放空得等待行情下跌，更是難上加難。因此，放空對投資人而言，心理上的負擔很大。

或許在網路、報章上你曾經讀過「放空比做多簡單」的論調，不過，放空股票的無限風險著實給人心理很大的壓力。除此之外，放空還有些客觀的限制，比方說，並非所有股票都可以放空，再者，放空股票也有限期回補的壓力（召開股東會前6個營業日），這就不像做多的操作了，買進股票愛放多久就放多久。因此，投資人做多股票自己或許還可以心平氣和的接受暫時的失敗，但對於放空「要是失敗，事情就大條了！」因此，若要放空必需十分熟悉技巧才行。

儘管如此，對一般投資大眾而言，即使自己不準備放空股票，也應該深入了解放空股票的知識，因為股票市場到目前為止，從來沒有只出現強勢行情，不會同時也出現弱勢行情的，因此，身為投資人若只懂得站在多頭買進，無異於是一支只攻沒有守的足球隊。

(1)只在弱勢行情時放空

放空前一定要先注意現在是否為放空的適合時機。這是放空最重要的鐵則，也就是說，只限在股票市場整體都處在弱勢行情時才考慮進行放空。

市場一但進入弱勢行情，大部分的股價遲早會下跌，且下跌的速度遠遠超過強勢行情時股價上漲的速度。而且，要記住哦～下跌的不會只有看起來沒有防禦能力的股票，其中也包含所有人都公認的績優股。

前面曾強調，股市行情與景氣一樣，不可能永遠處於強勢行情，在強勢行情到達一定程度之後一定會出現弱勢行情，而在弱勢行情

裡，投資人只有兩種選擇：

1.賣出所持有的股票。

2.進行放空。

(2)弱勢行情：大盤指數形成頂部時

投資人一定很在意，什麼時候才是「弱勢行情」呢？

先不管總體經濟的指標（因為這有點複雜），投資人可以由代表總體環境的股價指數來確認！

以國內而言，可以鎖定加權股價指數（大盤）。當大盤在長期上漲後，股價指數形成頂部（做頭）就是即將變成弱勢行情的信號——

①量在平均值以下，但指數卻在創新高。

當指數創了新高，表示有一部份的投資人認為這個股價應該用這樣的高價去購買，可是，成交量沒有同步增加，反而表現在平均值之下，顯然，有更大批的投資人不認同，因此可以推論市場缺乏買氣。

②量比前一日多，但指數卻比前一日低。

成交量比前一天量大，意味著有買方存在，可是也有相應的一大批賣方同時存在，可是，指數卻比前一天低，意味著在這一群量大的買、賣雙方沒有人有意願要追高。

這兩種都是非常纖細的信號（見圖2與圖3），若是在2～4週裡出現3、4次甚至5次就

代表本來上升的行情要反轉了，投資人該要出脫所持有的股票，同時要準備迎戰弱勢行情的到來。

(3)瞄準下跌後的急反彈

當股價形成大頭部時，必然出現持續一段時間下跌行情，然後接著出現急反彈現象，判別這種急反彈後勢的重點在於成交量。

首先，你可以把頭部後數日急跌想成是「先知先覺者」意識到「股價太高，該要走空頭了」而採取的出脫動作；數日跌勢後跟著出現的急漲又是為什麼呢？

你可以把它想成看好後勢行情的投資人認為：「哇！股價便宜了，快進場撿便宜」所造成的。

然而，這波急反彈後會是漲還是跌呢？

轉漲假設：

如果行情將要創造出新局面，那麼，理論上成交量應該會很大，也就是除了原先關注行情的人之外，還會加入很多新投資人，一起把行情拉高，焦點在成交量要大。

轉跌假設：

如果急反彈的成交量並不大，我們就可假想沒有新買家加入，也就是動能不足屬於失敗的反彈局面，就可以判斷是續跌開始。

前述偏重採用成交量來判讀後勢，除此之外若搭配K線型態，對後勢漲跌更容易掌握，其要點在於確認「做頭」與「築底」是否完成，觀察重點可以放在「量價背離」狀況。

簡單說，有賣方就一定要有買方才能完成交易，正常狀況下，賣壓的出現是因為持有股票的人認為「價格太貴了」，買氣的出現是因為有一批人認為「這個價格算便宜」，當行情見解不一時，才會出現大成交量（當投資人對行情的見解愈一致時，成交量就愈小）。

當股價跌破最低支撐線並創造了新低價，若開始出現逢低買進的買單使得成交量反而背

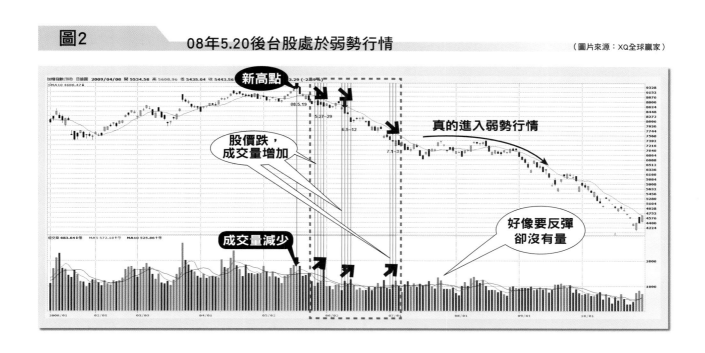

圖2 **08年5.20後台股處於弱勢行情** （圖片來源：XQ全球贏家）

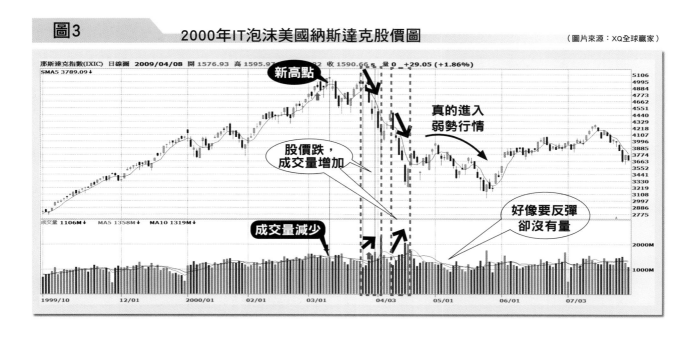

圖3 **2000年IT泡沫美國納斯達克股價圖** （圖片來源：XQ全球贏家）

離跌勢逆勢增加，這樣買單持續增加就造成了「量價背離」關係，這也正是「築底完成」由跌轉漲的前奏，這裡是放空者買回獲利了結的好時間點。

相反的：當行情不再隨著股價持續上升後面一路跟隨一批一批搶低價的新投資人，也就是成交量在股價漲勢中停滯並且在漲勢中又出現成交量遞減、價格創新高的「量價背離」時，可能就是「頭做成形」的前奏也是融券放空開始的時間點。

總之，跌勢之後的急反彈是判斷未來漲跌的關鍵點，在這個關鍵點上，決定是要放空？還是要做多？

再簡單一點說，跌勢中出現急反彈，若反彈伴隨很大的成交量，表示有新的需求買家出現，這裡不能放空;但若是量能不足的急反彈，應該還會再繼續下跌，而且這裡是很好的放空點，最佳的情況應該是從這裡開始放空。因為行情似乎是在明白的告訴投資人，之前跌的是試探性的跌，但在這裡「我實在沒有力氣上漲了，我要放手讓它跌下去了」。

例如，（圖4）是美國思科2000年的股價圖，在IT泡沫化形成一種反彈無力，最後行情出現新高，但成交量卻下滑，顯示投資人信心潰堤，即是較佳的放空位置。

（下一期再來談「適合放空的類股」、「不適合放空的類股」、「放空的時機」與「出手的方式」，敬請期待。）

圖4　　**2000年IT泡沫美國CISCO股價圖**　　（圖片來源：XQ全球贏家）

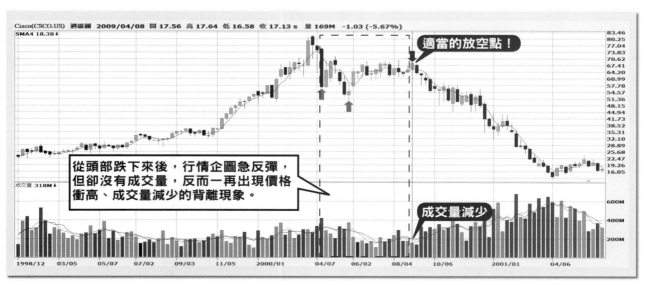

基本面 密技 教室！

股性

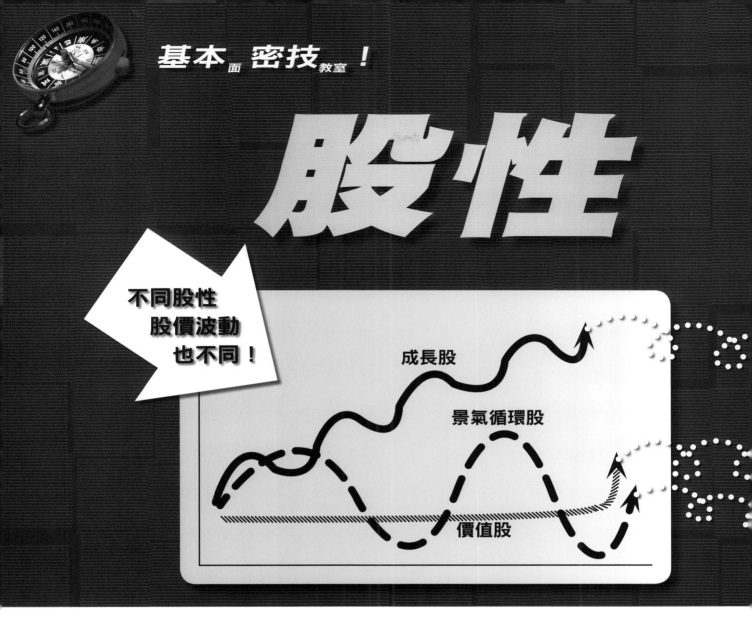

> 不同股性
> 股價波動
> 也不同！

成長股

景氣循環股

價值股

「成長股」已經刊登完畢，從本期開始談「價值股」——

價值股是「低價股票的投資」

價值股與成長股的選股方式都偏向能夠深掘企業本身的bottom-up approach（由下而上）選股方法，它跟景氣循環股利用top-down approach（由上而下）的選股方法不同。看到這裡，有沒有某些關鍵點突然豁然開朗的感覺呢？對啊，個股的股性不同，選股時，應該遵循這樣的基本原則，當個股屬性是受敏感的景氣影響時，「現在大環境如何？」應擺在第一位，所以，要先看大環境再看產業之後再挑個股;如果是價值股與成長股，選股的篩選順序應該是先看個股的實力如何，再看產業狀況如何，再衡量現在景氣如何。

如果要把股票按成長、景氣循環、價值這樣分類，有人會再多分一類企業再生股，由於企業再生股與價值股有很多相類近的地方，這裡就簡要的把企業再生股也併入價值股討論。

什麼是價值股呢？

完全認識 ④

股票像人各有不同的特性，達人把市面上的股票以基礎性格分成長股、循環股、價值股三類，其對應的交易手法也完全不一樣（本文為分則連載）。

	投資觀點	投資人天生條件	投資標的	利潤	風險	其他
成長股	產業構造變化	時代感感性的	人氣產業競爭激烈	如果賺就非常多	非常大	何時買進？
價值股	現在企業價值	豐富財報與會計的知識	迴圈產業	比較少	比較小	要有忍耐力
景氣循環股	景氣判斷	過去的經驗	重、厚、長、大的產業	比較多	比較大	不景氣買股的勇氣

簡單的說就是，計算企業的內在價值到底有多少並將其換算成數字，且以此和最近的股價相比較，如果現在股價比企業的內在價值還低的話，意味著以這樣的價格在市場上買進算是便宜的，就視為值得買進，所以買價值股也可以叫做「低價股票的投資」。

價值股投資的始祖是葛拉漢（Benjamin Graham）他在1934年和朋友共著作的『證券分析』一書中，清楚地寫出了當時大恐慌中投機和投資的本質區別——

「幾乎所有的金融投資都有基礎的本質價值，股票投資應該遵循在企業持有價值的基礎上進行。」葛拉漢認為投資應該徹底地按照證券的本質價值（實體價值）而行，若非如此，股票交易就變成了投機交易，這兩種交易方式投資人應該清楚地劃分開來。

美國當時股市暴漲暴跌並且處於大恐慌，葛拉漢的說法與研究不僅真實地反映了那個時代，還決定了未來證券投資理論的發展方向，在這項發現被提出的幾十年之後，不管是哪個投資方式，企業的「內在價值」這個數字都是一個非常重要的參考值。前幾篇提到的成長股

投資，也是轉換企業的營收以及利潤增加的數字來進行研究。

不過，成長股與價值股不同，雖然「數字」都非常重要，但是在評估成長股投資的開始階段，企業的未來發展性、營收的預測以及獲利的預估等等，這些數字經常是主觀的、個人見解式的。與此相比，評估價值股所採用的數字，相對要客觀也更容易分析。

再把價值股與景氣循環股的數字比較一下。景氣循環股中重要的數字是產品的價格，但是在價值股中，代表企業實體價值的數字是公司運作最基本的企業價值。例如：企業利益的絕對值，持有的資產總額（現有存款，土地建築物、機械設備、投資有價證券等）。至於那些很難換算成金錢的東西，例如：多年所創的品牌價值、專利權、經營者的能力、優秀的設計者和工程師等公司職員的技能、店面以及銷售網路的價值等等最近也被包括在企業價值中。把這些因素合計計算成金錢就是企業的實體價值，簡單稱為「價值」。

所謂的價值股投資是指，把換算成金錢的企業價值，與市場評價的企業價格（股價）相比較，判斷股價比較低的時候就買入。

企業的股價可以反映出市場的人氣指數，看著股價每天漲落投資人也跟著或喜或悲。但是，企業的本質價值是不輕易發生變化的。所以企業本質的價值是可以計算的，如果能夠根據計算出的這個價值把握時機買進，即使出現短期的股價變動也不必擔心。

曾經有份統計報告指出，以一定期間的投資資金運用為比較，全球各個股票市場，價值

股投資的獲利都超過了市場平均值。

這份統計說明著一個非常重要的事實，不管在任何國家，什麼樣的市場狀況，價值股的投資成果都是最好的。

的確，當股價大跌時幾乎所有的投資者都會意志消沈，唯有價值股投資者發現股價下跌時，反而心裏偷著樂。因為價值股投資者追求的是「當股價下跌時，買進價值股！」

「價值」應該怎樣計算

那麼，怎樣計算企業的真正的價值呢？

計算企業真正價值的方法可以分為（1）資產的價值；（2）收益的價值；（3）成長性的價值三類。

（1）資產的價值是利用資產負債表，計算企業的資產價值，這是葛拉漢所提也是最傳統的計算方法。

（2）獲利的價值是指，企業未來可以取得的獲利和以現金流通換算成金錢的方法。這裡著眼的是將來的收益而不包括企業將來的成長（或衰退），也就是以現在的收益情況不變為前提而計算的。

（3）成長的價值，這部份是最難計算的，一般來講，只有企業本身在同行業中能佔有競爭優勢的情況下，才可以把「成長的價值」考慮進去成為的企業價值。投資人很熟悉的巴菲特（Warren Buffett）就最擅長這部份的計算，不過，別說在台灣能有條件被列為標的的企業幾乎不存在，放眼全球，這樣的企業也是鳳毛麟角幾乎找不到了。不過，我可沒有

說「絕跡」哦，只是非常非常少，投資人如果找到了，就一定能大賺一筆。

計算企業價值，可套用投資銀行家在進行企業購併M＆A（Mergers & Acquisitions）的公式（可參考「股票初見面——投資指標」；恆兆文化出版），但計算公式很複雜，一般投資人只要運用PBR（股價淨值比）即可。

徹底弄清楚PBR

PBR取自「Price BooK-value Ratio」的頭一個字母。Price指的是股票價格；BooK-value指企業的純資產，是比較現在的股價和帳簿上的淨值（＝解散價值）得到的指標，計算式是——

$$PBR（倍）＝ \frac{股價}{每股淨值}$$

以長榮（2603）為例，從2009年1Q公司的資產負債表得知，公司的總資產（單位：百萬）是91,863，其中向外面借來的負債是29,682，公司的股東權益是62,181，把公司的股東權益除以流通股本，計算出來每股的淨值是20.13元。

從以上這幾個簡單的數字就可以計算出PBR的值，以 2009.08.28 長榮當天收盤的股價20元為例，PBR就是20／20.13＝0.99，還不到1倍。

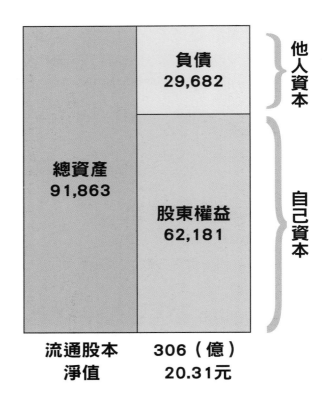

		他人資本
總資產 91,863	負債 29,682	
	股東權益 62,181	自己資本

流通股本　　　306（億）
淨值　　　　　20.31元

資產負債表的結構本文用箱型圖來表示。右側的箱型表示長榮運用資金的來源，右上方是從第三者那裏得到的借款－「負債」。若要更清楚並為了和下面的「股東權益」分別，可以把負債當成「他人資本」，以本例來看也就是 2009年1Q長榮從第三者手中籌集了29,682（百萬）元的資金。而右下方則是企業出資發行股票調集來的資金，也就是「自己資本」，因為資金是企業自身創造的所以叫做「自己資本」這其中也包括股東們出資的「股東資本」與長榮過去長年積累下來的保留利潤部份就構成了企業62,181（百萬）自己的資本。

左側的箱形是「資產」，表示那個時期企業的所有物。這個時期長榮的資產合計為91,863（百萬）。

資產負債表的構成

流動資產	流動負債
現金及約當現金	短期借款
短期投資	應付商業本票
應收帳款及票據	應付費用
其他應收款	預收款項
短期借支	其他流動負債……
存貨 ……	**長期負債**
長期投資	遞延貸項
土地成本	退休金準備
房屋及建築成本	遞延所得稅 ……
機器及儀器設備成本	**其他負債及準備**
其他設備成本 ……	
固定資產	**股東權益**
遞延資產	普通股股本
無形資產	特別股股本
什項資產	資本公積
	法定盈餘公積
其他資產	特別盈餘公積
	未分配盈餘

詳細地來看，資產的部份包括現金、土地、存款還有存貨等等，這些都是長榮為了營業業務不可缺少的要素。長榮為營運而買入這些資產，而買入資產的金錢來源就是右方的籌集方式，包括向外面借款與股東自己的錢。

在「自己資本」的部份每期財報決算都會發生變化。那是因為是由前期的稅後利益的一部分加上剩餘利潤部分（赤字的時候是減去）計算出來的。因為企業有義務每季做決算，所以企業每季得重新編列資產負債表。

PBR1.0倍以下，可算便宜

再進一步研究作為投資基準的PBR。

企業是一種社會性的存在，最重要的，直接與企業的利害相關的是客戶和債權者。如果企業發展順利的話就沒有任何的問題，但是如果企業發展不順利的話，提供融資的銀行，和已經交貨但是沒有得到貨款的客戶就會首先要求債務的確保。資產負債表中的「負債」就記載了從銀行的長短期借款和對交貨客戶的賒購款，以及應付而未付的票據款，這些「他人資本」，對企業來講應該算成「不管發生什麼事情，企業也必須償還的債務」，萬一企業手頭已經沒有可以支付的現金和存款，就是變賣已經擁有的資產也必須償還。

因此，如果企業停止所有的經營活動，必需變賣可能換成錢的資產，償還的優先次序第一順位是「他人資本」的部份，也就是得先清償債務，接著，按照優先次序才是股東應該分到的份額。用資產減去負債「純資產」的部分才是股東應得的份額，這份額也反映該企業的解散價值。

當股價低於每股淨值（＝每股解散價值）時（即PBR跌破1.0大關時），這個企業的股價就可以算便宜，PBR是考慮這種狀況的投資基準。如果企業的財務狀況沒有什麼問題業績很不錯，可能是由於什麼原因股價低於解散價值（PBR低於1.0倍）時，買下整個公司，然後變賣所有的資產償處理了所有的債權債務後，剩下到手的金額就是得到的利益。

以上對PBR的說法不是空論，當股價跌到

實例 1　　長榮

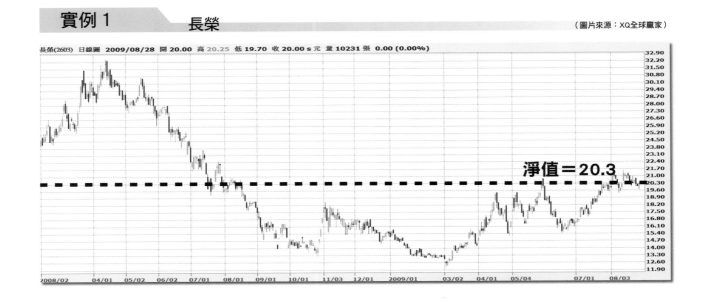

每股淨值之下（PBR小於1），對投資人就有「很難再往下跌」的魅力。

當然，這不是永遠的鐵則，市場上股價會跌到連淨值都守不住，顯然這家公司的獲利能力被市場大大質疑，投資人發現這樣的股票時，應該深入分析，究竟是什麼理由造成股價那麼低呢？若是屬於受大環境拖累，被市場「錯殺」等到市場回到一般水準，股價就上漲可期，跌到PBR1以下，算是撿到便宜了。但若是經營團隊極差或產業是夕陽產業難有指望，就沒有什麼好買進的。

投資人不妨仔細的蒐尋一下，有些股票長期在淨值以下的那種股票真的都大有問題，若是短期「暫時」跌破淨值，且公司其實還繼續有獲利的，用力的買下去吧！只要有耐性等待，至少都能漲上淨值之上。

或許你要問，理論上淨值以下的股票應該都值得買進吧！這等於是拿90元買進值100元的商品。但事實上並不然，畢竟，資產價格是「估算」出來的，並無法百分百正確，再者，若是土地資產的話，會不會有「有行無市」的情況呢？若是存貨的話，等到要變現的時候，會不會價格已經跌得不像話了呢？凡此種種，都影響淨值的現實性。

最後，再回頭想一想，上市企業何其多，但最後真的走向「清算、解散」的企業非常非常少，因此，淨值雖然是企業的清算價值，但很多時候是一個「假性議題」，唯有在評估股價便宜度與談購併時才有其參考性。

（連載第５回請見「投資達人vol.05」）

PHANTOM'S GIFT

幽靈的禮物

—馳騁金融市場的交易規則—

第 4 回

作者／（美）亞瑟·李·辛普森 （ARTHUR L SIMPSON）

作者從1971年起成為芝加哥期貨交易所和前中美洲商品交易所成員，同時也是全美期貨協會的註冊場內交易員。他的興趣包括交易、飛行、無線電、電腦程式設計、音樂與環球旅行。

譯者／張志浩

曾在北美從事美國證券交易，本身也是美國交易商協會的會員、註冊經紀人、註冊投資顧問。1987年引進美國沃特財務集團（Halter Financial Group）進入中國，至今已成功輔導相當多中國民營企業在美國股市借殼上市，其專業成就在中國投資圈極負盛名。現任美國沃特財務集團上海代表處首席代表。

規則 1：只持有正確的倉位。

規則 2：正確的倉位加碼才能獲利。

規則 3：巨量即是套現良機。

這是「交易圈中的幽靈」給的忠告，接受這份禮物，你的投資交易將重新開始，並走向令你無法想像的坦途。

真正讓交易者賺到錢的規則二

我知道要準確地表達規則二的內容是有一些困難的，所以我們退一步來講述這個問題。從論壇的網路留言以及交易員對規則二的牴觸情緒中，我發現大家對規則二都很茫然無緒。不過鑒於規則二的難度，這些都是可以理解的。

我不希望告訴交易員們特別具體的交易計劃或是交易程式，我所希望的就是你們一定要在倉位被證明是正確的時候，在這個倉位上增加籌碼。

對於規則二我們必須考慮得更多一些，因為它不像規則一那樣簡單明確，一目瞭然。而對我來說，真正讓我賺到錢的還就是規則二。不過，規則二在長線交易中能發揮效用，在短線交易中是看不到效果的。

規則二的優點不少，我們前面也討論過其中的幾個優點：其一是它可以使你保持正確的思考方式，即要去不斷增強一個正確的倉位。另一個方面就是，當倉位已經確認是正確的時，應該力求重倉，這一點是毫無疑問的。我認為在你的交易計劃中使用規則二的潛在優勢在於：如果使用得當的話，它可以使你在整個交易過程中避免出現無度的頻繁操作。

如果從一開始就用規則二規範你的交易計劃的話，當市場走勢符合你的判斷，並且成功套現的時候，你可能就不會沾沾自喜。交易員總是希望自己一貫正確，但這種思維卻是成功的大忌。當然，你還是應該爭取在交易中儘量做正確的決定。

你應該明白，當你覺得自己在市場中判斷正確的時候，這只是一筆交易的開始；當你套現的時候，你也不應該衝著全世界大喊：看，我有多正確呀！我問你，誰會在乎你是不是真的做對了呢？即使你是對的又怎麼樣呢？如果你可以把你的損失控制在很小的一個範圍內，而不是每次都贏了一點點的話，你會成為最優秀的交易員！你現在就應該記住這一點。

> 如果不在獲利倉位上增加籌碼的話，交易將會陷入一個輸贏均等的遊戲裏。

不為交易而交易，要為生存而交易

如果你真的希望自己擁有以交易謀生或賺外快的能力，你就應該在你的獲利倉位上增加籌碼。否則的話，你最多只能保本。

誰希望總是打個平手呢？反正我不想這麼做。我記得一個交易員曾經問我：在我剛開始做交易賺了錢的時候，我的感覺是怎樣的？她還希望知道我到底賺了多少錢。我告訴她，如果我每天賺不了一千美元，就不值得我去交易。但是，她說如果她每天能賺一百美元，她就會很開心了。我問她是否會在獲利倉位上增加籌碼，她說她認為沒什麼理由可以讓她這樣做。

我並不是有意地去取笑她，但我確實是覺

得她的想法很可笑。當時我就指出，如果她每個星期有三天是賺錢的，而另外兩天賠錢，如果她再不在獲利倉位上增加籌碼的話，那麼她會陷入一個輸贏均等的遊戲裏。我的觀點是，在你有機會的交易日裏你必須把握機會，儘量增加你的利潤，這樣可以彌補你的損失。你不應該只是為了交易而交易，你應該為自己的生存而交易。

現在我不會再取笑任何人了！關於那些尊敬小交易員的話，我是認真的。不過他們需要在考慮交易計劃之前，就應該明白在獲利倉位上增加籌碼的重要性。即使在交易前考慮了這一點，你可能也不會特別清楚具體應該怎麼做。所以在市場朝著對你有利的方向走來的時候，你必須有一個具體的增加籌碼的計劃。首先要考慮的是你需要多大的倉位來達到你的目標。你必須清楚，你自己無法決定你的倉位大小，應該由市場來決定這一點，而且只能是由市場來決定。

希望變得更好，改變行為吧！

規則二會告訴你，在建倉之前，應該知道你將付諸實施的是一個完整的交易計劃。現在規則二的輪廓逐漸清晰起來了。有些讀者看到這裏眉頭會舒展開來，他們大概已經猜到了我要說什麼了：正確地使用規則二，不僅可以使你免於重創，而且當明朗的趨勢是你可以大舉建倉的時候，這個規則還可以使你的倉位建立得更加充分。

現在，我還有意隱藏了規則二中隱含著的

最有價值的一部分內容，雖然這樣做令我有點心理負擔，但我的目的是想看看誰能把這部分內容說出來。規則一是很明確的，在論壇裏最少有一半的交易員理解規則一的內容；但是規則二，我認為可能只有少數人能理解，而且他們的評論也並不都是很準確。

我發現有一位讀者能夠切中要害，但是，除了他之外，我認為其他人對規則二都知之甚少。

我可以告訴你們我自己的交易計劃，我的信號，我還可以告訴你們應該在何時增加籌碼，但是，這些對於解決如何在獲利倉位上增加籌碼的問題來說，就如同想在曼哈頓西區發現密西西比河並改變它的航線一樣，是徒勞無益的。

可能你把你的錢給我，讓我為你做交易，能更好地實現你的目標，但是，我不希望這樣。不要忘記我對交易新手是很有信心的，你自己可以很清楚地知道規則二的內容是什麼。但如果你陷入了過量交易或是透支的窘境裏的話，恐怕我是愛莫能助了。在你期待有大量的資金會抵消這些損失之前，你必須扭轉這種不利的局面。無論何時，你都必須在開始建倉的時候只建輕倉，這樣在市場趨勢按照你的預期發展的時候，你才有能力把你的倉位至少增大

> 規則一可以給你的資金提供一定保護，但是，能給你提供最大保護的卻是規則二！

一倍。

規則一可以給你的資金提供一定保護，但是，能給你提供最大保護的卻是規則二！現在我將會告訴你為什麼規則二能夠提供最大的保護。對於我下面說的話你應該深信不疑。

你經常會聽到這樣的勸告：不要在一個虧損品種上加碼了！規則二可以使你習慣於輕倉出手。除非市場百分之百地按照你的預測運行，否則你千萬不要貿然滿倉。

> 除非市場百分之百地按照你的預測運行，否則你千萬不要貿然滿倉。

那麼我為什麼會鼓勵你在進入的時候建立半倉呢？因為從一開始這就是一個失敗者的遊戲，你從規則一中就能悟到這一點。從規則二中你可以發現，要想正確地交易，永遠不應該在剛出手時就滿倉。

你一定期待市場能讓你的每筆交易都順利離場。當你交易正確的時候，你一定能抓住一段利潤，而當交易沒有被確認是正確的時候，你就應該使你的倉位縮小一半。如果你運用規則一來清倉停損，上述方法就不會使你的本金驟降。

你開始看到規則二的價值所在了嗎？稍後我們可以舉一些例子來說明，但是，現在我們所需要的是對這個規則有更深刻的理解。每一個交易程式中關於建倉和加碼的內容都各不相同。如何理解規則二並把它嵌入你的交易計劃中，完全取決於你自己。

規則二不僅使你在倉位正確的時候能夠重倉，而且可以在倉位錯誤時降低你的損失。同樣，規則二還可以防止你過量交易。當然，你必須確信自己在正確地運用資金，從而使規則二可以更好地為你服務。

你在聽取了關於兩個規則的大量意見之後，必須自己加以分析理解，然後再實際運用這兩個規則。現在，對於規則二的背景你已經有所瞭解，這你更好地理解它應該是大有裨益的。

我們是否能更進一步，努力使規則二更加深入人心呢？這取決於我信任的交易員們是否能接受這個規則。如果接受，他們必定會達到我預期的目標，而我也會繼續為他們感到驕傲和自豪。

我再非常自信地強調一次：在大多數情況下，如果你希望變得更好，就會願意為此改變你的思想或感覺，就如同光鮮的衣著也可以改變一個人（編註：詳見第十一章）。那麼，上面的知識就是你的新西服。

亞瑟：你的觀點是，交易員正確地使用規則二便可以避免過量交易，因為在整個交易的過程中，在剛進入市場的時候不要滿倉，只有當市場證明了倉位正確後，他們才應該在最初倉位上加碼。

不要一開始就滿倉，用規則二來逐漸加碼，而交易員通常都沒有意識到這一點。我說得對嗎？

幽靈：是的，我還說了哪幾點呢？

亞瑟：規則二可以防止交易員在虧損倉位上加碼，同時使起始倉位不要過於膨脹。對嗎？

幽靈：不完全是這樣的，我希望交易員們理解的一點是：只有當他們的交易計劃告訴他們應該加碼的時候，他們才能增大倉位，而不僅僅因為倉位被證明是正確的就加碼。只有當他們的所有倉位都已經加碼後，我們才可以說他們已經完成了建倉。

通常的情況是，當交易員覺得沒找到在已建倉位上加碼的理由時，也就是他們過量交易的時候。交易員們在絕大多數情況下對於為什麼要增加籌碼並不多思考，因為他們一開始就滿倉了，這使得他們一進戰場就面臨最大的風險，而這一點恰恰是你在交易中要絕對避免的。

你陷入了輸贏均等的遊戲嗎？

交易當然要冒風險，但是一定不要把風險最大化。如果在交易過程中你沒有計劃好如何加碼的話，就會很容易出現這種情況。

亞瑟：這就像下國際象棋一樣，在和棋後複盤時，你會發現如果早知道可能和局，你就會很容易地獲勝。

幽靈：是的，這是很簡單的道理。交易員如果

> 如果交易員建倉後不能再加碼，一旦原始倉位被證明是錯誤的，他們蒙受的損失就會和期望獲得的利潤一樣大。我們不希望看到這種結果。

在他們的計劃中沒有運用規則二，而是在交易一開始就急於想有一個正確倉位，馬上擲下全部的籌碼，這就是過量交易。

如果交易員建倉後不能再加碼，一旦原始倉位被證明是錯誤的，他們蒙受的損失就會和期望獲得的利潤一樣大。我們不希望看到這種結果。請時刻銘記在腦海裏：如果不改變這些劣勢，交易將永遠是一個失敗者的遊戲。

比運用規則一更重要的是用好規則二，你會在交易中佔盡優勢。如果建倉時不預先計劃好倉位被證明正確後的加碼，你最多只是在玩一場勝負五五開的遊戲。

亞瑟：你認為這些內容足夠交易者去消化嗎？還是我們繼續討論？

幽靈：現在如同電梯外的人朝後退步等待電梯裏的人出來的局面（編註：詳見第十章），我們先看看還有多少反對規則二的人，再決定是否需要更多的討論。我對交易新手是有信心的，他們會成為最好的交易員。

我會考慮新手們提出的問題，但不能輔助他們很長時間。我會盡力讓他們成為最好的交易員。他們會成長得比他們自己想像的快。祝他們制定的新交易計劃好運！

亞瑟：不知道現在大家是不是已經明白了？我們是否理解了「正確」二字的含義？

（連載第5回請見「投資達人vol.05」）

· 國家圖書館出版品預行編目資料

捉起漲點
　　　　　　　　　臺北市：恆兆文化，2009.09
面；21公分×28公分
ISBN　　978-986-6489-07-5　　　　　　（平裝）
1.股票投資　2.投資分析

563.53　　　　　　　　　　　　　　　98014750

投資達人VOL.04

捉起漲點

出版所 恆兆文化有限公司
Heng Zhao Culture Co.LTD
www.boOK2000.com.tw
發 行 人　　張正
作　　者　　恆兆文化編輯部
封面設計　　尼多王
採訪編輯　　文喜 金滿喜
電　　話　　＋886-2-27369882
傳　　真　　＋886-2-27338407
地　　址　　台北市吳興街118巷25弄2號2樓
　　　　　　110,2F,NO.2,ALLEY.25,LANE.118,WuXing St.,
　　　　　　XinYi District,Taipei,R.O.China
出版日期　　2009年10月 初版二刷
Ｉ Ｓ Ｂ Ｎ　　978-986-6489-07-5（平裝）

劃撥帳號　　19329140 戶名 恆兆文化有限公司
定　　價　　168元
總 經 銷　　聯合發行股份有限公司 電話 02-29178022[